OS LUGARES
QUE NOS
ASSUSTAM

PEMA CHÖDRÖN

OS LUGARES QUE NOS ASSUSTAM

UM GUIA PARA DESPERTAR NOSSA
CORAGEM EM TEMPOS DIFÍCEIS

Título original: *The Places that Scare You*
Copyright © 2003 por Pema Chödrön
Copyright da tradução © 2003, 2021 por GMT Editores Ltda.
Em acordo com Shambhala Publications, Inc.
300 Massachusetts Ave., Boston, MA. 02115

Todos os direitos reservados. Nenhuma parte deste livro pode ser reproduzida sob quaisquer meios existentes sem autorização por escrito dos editores.

tradução: José Carlos G. Ribeiro

revisão: Ana Grillo, Antonio dos Prazeres, Hermínia Totti, Sérgio Bellinello Soares e Tereza da Rocha

revisão técnica: Grupo Shambhala do Brasil e Gustavo Gitti

diagramação: Equatorium Design

capa: Estúdio Bogotá

ilustração de capa: Letícia Naves – Estúdio Bogotá

impressão e acabamento: Cromosete Gráfica e Editora Ltda.

CIP-BRASIL. CATALOGAÇÃO NA PUBLICAÇÃO
SINDICATO NACIONAL DOS EDITORES DE LIVROS, RJ

C473L

Chödrön, Pema, 1936-
    Os lugares que nos assustam / Pema Chödrön ; [tradução José Carlos G. Ribeiro]. - [2. ed.]. - Rio de Janeiro : Sextante, 2021.
    176 p. ; 21 cm.

    Tradução de: The places that scare you
    ISBN 978-65-5564-117-2

    1. Vida espiritual - Budismo. 2. Budismo - Doutrinas. I. Ribeiro, José Carlos G. II. Título.

20-68008   CDD: 294.34
                                                            CDU: 24-584

Leandra Felix da Cruz Candido - Bibliotecária - CRB-7/6135

Todos os direitos reservados, no Brasil, por
GMT Editores Ltda.
Rua Voluntários da Pátria, 45 – Gr. 1.404 – Botafogo
22270-000 – Rio de Janeiro – RJ
Tel.: (21) 2538-4100 – Fax: (21) 2286-9244
E-mail: atendimento@sextante.com.br
www.sextante.com.br

Confesse suas falhas ocultas.
Encare o que considera repulsivo.
Ajude a quem acredita não poder ajudar.
Deixe ir aquilo a que está apegada.
Vá aos lugares que te assustam.

Conselho de seu mestre para
a iogue tibetana Machik Labdrön

*Ao Décimo Sexto Karmapa Rangjung Rigpe Dorje,
a Dilgo Khyentse Rinpoche e
a Chögyam Trungpa Rinpoche, que me ensinaram
o que significa ser destemida.*

Sumário

Prólogo   11

1. A excelência da boditchita   13
2. Servir-se da fonte   20
3. Os fatos da vida   29
4. Aprendendo a ficar   37
5. As máximas do guerreiro   47
6. As quatro qualidades incomensuráveis   54
7. Bondade amorosa   58
8. Compaixão   66
9. *Tonglen*   72
10. Encontrando a capacidade de alegrar-se   80
11. Aprimorando o treinamento da alegria   87
12. Pensando grande   90
13. Conhecendo o inimigo   96
14. Começar de novo   103
15. Força   106
16. Três tipos de preguiça   113
17. Atividades de um bodisatva   118
18. A ausência de chão   126
19. Neurose exacerbada   133

20	Quando as coisas ficam difíceis	138
21	O amigo espiritual	143
22	O estado intermediário	149

Aspiração de encerramento — 153
Apêndice: práticas — 154
    As máximas do treinamento da mente de Atisha — 154
    Prece das quatro qualidades incomensuráveis — 158
    Prática da bondade amorosa — 159
    Prática da compaixão — 161
    A aspiração em três estágios — 163
Agradecimentos — 164
Bibliografia — 165
Fontes adicionais — 168
Créditos — 169

PRÓLOGO

Quando ensino, começo sempre com uma aspiração compassiva. Expresso o desejo de que apliquemos os ensinamentos no dia a dia de nossa vida e, dessa forma, livremos os outros e a nós mesmos do sofrimento.

Durante a palestra, encorajo as pessoas a manter a mente aberta, assim como uma criança que, maravilhada, vê o mundo sem concepções prévias. Como diz o mestre Zen Suzuki Roshi: "Há muitas possibilidades na mente do principiante, mas poucas na do perito."

No final, dedico o mérito da ocasião a todos os seres. Esse gesto de amizade universal já foi comparado a uma gota fresca de água da fonte. Se a depositarmos sobre uma rocha, ao sol, ela logo evaporará. Se a colocarmos no oceano, no entanto, ela nunca será perdida. O desejo, portanto, é que não guardemos para nós mesmos os ensinamentos, mas os empreguemos em benefício dos outros.

Essa abordagem reflete os assim chamados três nobres princípios: bom no início, bom no meio, bom no fim. Eles podem ser empregados em todas as atividades da vida. Podemos iniciar qualquer coisa – começar o dia, comer uma refeição ou ir a uma reunião – com a intenção de sermos abertos, flexíveis e gentis.

Depois, podemos prosseguir com uma atitude inquisitiva. Como costumava dizer meu mestre Chögyam Trungpa Rinpoche: "Viva sua vida como um experimento."

Ao término da atividade, quer tenhamos sentido que fomos bem-sucedidos ou que falhamos em nossa intenção, fechamos a ação pensando nos outros, os que estão sendo bem-sucedidos e os que estão falhando, em todo o mundo. Desejamos que qualquer aprendizado que tenhamos tido em nossa experiência possa beneficiá-los também.

Com esse espírito, ofereço este guia sobre o treinamento do guerreiro compassivo. Que ele seja benéfico no início, no meio e no fim. Que possa nos levar aos lugares que nos assustam. Que enriqueça nossa vida e nos ajude a morrer sem arrependimentos.

UM

A EXCELÊNCIA DA BODITCHITA

Somente com o coração podemos ver corretamente; o essencial é invisível aos olhos.
– ANTOINE DE SAINT-EXUPÉRY

Quando eu tinha cerca de 6 anos, recebi o ensinamento essencial da boditchita de uma velha que estava sentada ao sol. Eu ia passando em frente à casa dela, sentindo-me só, não amada e louca da vida, chutando qualquer coisa que me aparecesse pela frente. Rindo, ela me disse: "Menina, não deixe que a vida endureça seu coração."

Naquele momento eu recebi esta instrução básica: podemos permitir que as circunstâncias da vida nos endureçam, nos tornando cada vez mais ressentidos e amedrontados, ou que essas mesmas circunstâncias nos tornem mais amáveis e mais abertos em relação àquilo que nos assusta. Sempre podemos escolher.

Se perguntássemos ao Buda "O que é boditchita?", ele nos responderia que essa palavra é mais fácil de entender do que de traduzir. Ele nos aconselharia a tentar encontrar o significado dela em nossa própria vida. E até nos desafiaria, acrescentando que somente a boditchita cura, que a boditchita é capaz de transformar o mais duro dos corações e a mais preconceituosa e amedrontada das mentes.

Chitta significa "mente" e, também, "coração" ou "atitude". *Bodhi* significa "desperto", "iluminado" ou "completamente aberto". Algumas vezes a boditchita – coração e mente completamente abertos – é chamada de ponto sensível, um local tão vulnerável quanto uma ferida aberta. Equipara-se, em parte, à nossa capacidade de amar. Mesmo a mais cruel das pessoas possui esse ponto sensível. Mesmo os animais mais selvagens amam suas crias. Como disse Trungpa Rinpoche: "Todos amam algo, mesmo que sejam apenas tortilhas."

A boditchita também se equipara, em parte, à compaixão – nossa capacidade de sentir a dor que compartilhamos com os outros. Sem perceber, constantemente nos protegemos dessa dor, porque ela nos assusta. Erguemos muros de proteção feitos de opiniões, preconceitos, estratégias e barreiras, construídos devido ao profundo medo que temos de ser feridos. Esses muros são ainda mais fortificados por emoções de todo tipo: raiva, ânsia, indiferença, ciúme e inveja, arrogância e orgulho. Mas felizmente, para nós, o ponto sensível – nossa capacidade inata de amar e de nos importarmos com as coisas – é como uma brecha nesses muros que construímos. É uma abertura natural nas muralhas que criamos quando estamos com medo. Com a prática, podemos aprender a encontrar essa abertura, a aproveitar aquele momento vulnerável – amor, gratidão, solidão, constrangimento, inadequação – para despertar a boditchita.

Análoga à boditchita é a sensação de ferida aberta causada por um coração partido. Às vezes, esse coração partido faz nascer ansiedade e pânico; outras vezes, raiva, ressentimento e acusação. Mas debaixo da rigidez dessa armadura existe a ternura da tristeza genuína. Essa é a nossa ligação com todos aqueles que, alguma vez, já amaram. Esse genuíno coração de tristeza pode nos ensinar uma grande compaixão. Ele pode nos tornar humildes quando estivermos arrogantes e suaves quando formos rudes. Ele nos desperta quando preferimos permanecer dormindo e penetra nossa indiferença. Essa contínua dor no coração é uma bênção que, quando completamente aceita, pode ser compartilhada com todos.

O Buda disse que nunca estamos longe da iluminação. Mesmo nos momentos em que nos sentimos mais perdidos, nunca nos alienamos do estado desperto. Essa é uma afirmação revolucionária. Mesmo as pessoas comuns, como nós, com problemas e confusão, possuem essa mente da iluminação, que chamamos de boditchita. A abertura e o calor da boditchita são, na realidade, nossas verdadeiras condição e natureza. Mesmo quando nossas neuroses parecem muito mais reais do que nossa sabedoria, mesmo quando nos sentimos confusos e sem esperança, a boditchita – como o firmamento – está sempre presente, inalterada pelas nuvens que a escondem temporariamente.

Por estarmos tão acostumados às nuvens, é claro, podemos achar difícil acreditar nesse ensinamento do Buda. A verdade, no entanto, é que, no meio de nosso sofrimento, nos momentos mais difíceis, podemos fazer contato com esse nobre coração de boditchita. Ele está sempre disponível, tanto na dor quanto na alegria.

Uma jovem me escreveu sobre ter se encontrado cercada, em uma pequena cidade do Oriente Médio, de pessoas que zombavam e gritavam, ameaçando atirar pedras nela e em seus amigos, por eles serem americanos. Estava aterrorizada, é claro, e foi muito interessante o que lhe aconteceu. Subitamente, ela se identificou com todas as pessoas que, ao longo da História, foram escarnecidas e odiadas. Compreendeu o que é ser desprezada por uma razão qualquer: grupo étnico, origem racial, preferência sexual ou gênero. Algo se abriu e ela se pôs no lugar de milhões de pessoas oprimidas e passou a enxergar as coisas sob uma nova perspectiva. Ela até mesmo compreendeu a humanidade compartilhada que havia entre ela e aqueles que a odiavam. Esse senso de profunda conexão, de pertencer à mesma família, é a boditchita.

A boditchita existe em dois níveis. No primeiro está a boditchita incondicional, uma experiência imediata renovadoramente livre de conceito, de opinião e de nossas prisões usuais. É algo imensamente bom, que não conseguimos agarrar nem mesmo de leve; é assim como sabermos, no íntimo, que não há nada a perder. No segundo está a boditchita relativa, que é a nossa habilidade de manter o coração e a mente abertos para o sofrimento, sem nos fecharmos a eles.

Aqueles que treinam sinceramente para despertar a boditchita incondicional e a boditchita relativa são chamados de bodisatvas, ou guerreiros – não guerreiros que matam ou causam mal, mas guerreiros da não agressão, guerreiros que ouvem os lamentos do mundo. São homens e mulheres dispostos a treinar, mesmo em meio ao fogo. Treinar em meio ao fogo pode significar que os guerreiros-bodisatvas se envolvem em situações desafiadoras com o objetivo de aliviar o sofrimento. Também se refere à sua disposição de superar a sua tendência pessoal de reagir e de se autoenganar, bem como à sua dedicação a desvelar a energia básica, não distorcida, da boditchita. Temos muitos exemplos de mestres guerreiros – pessoas como Madre Teresa e Martin Luther King – que compreenderam que os maiores males vêm de nossa própria mente agressiva. Eles devotaram sua vida a ajudar os outros a compreenderem essa verdade. Existem também muitos indivíduos que passam a vida treinando para abrir o coração e a mente, a fim de ajudar os outros a fazerem o mesmo. Como eles, poderíamos aprender a nos relacionar, como guerreiros, conosco e com nosso mundo. Poderíamos treinar para despertar nossa coragem e nosso amor.

Existem métodos tanto formais quanto informais para nos auxiliar a cultivar essa coragem e essa ternura. Existem práticas para alimentar nossa capacidade de nos alegrarmos, de nos libertarmos, de amarmos e de vertermos lágrimas. Há aquelas que nos ensinam a permanecermos abertos à incerteza e outras que nos ajudam a nos mantermos presentes em momentos nos quais, habitualmente, nos fecharíamos.

Onde quer que estejamos, podemos nos treinar como guerreiros. As práticas de meditação, bondade amorosa, compaixão, alegria e equanimidade são as nossas ferramentas. Com o auxílio dessas práticas, podemos expor o ponto sensível da boditchita. Vamos encontrar essa suavidade na tristeza e na gratidão. Vamos encontrá-la por trás da dureza da raiva e do tremor do medo. Ela está disponível tanto na solidão quanto na ternura.

Muitos preferem práticas que não causem desconforto e no entanto, ao mesmo tempo, desejam ser curados. Mas o treinamento da boditchita não funciona dessa maneira. Um guerreiro compreende que nunca podemos saber o que irá acontecer conosco em seguida. Podemos tentar controlar o incontrolável, buscando encontrar segurança e previsibilidade, sempre na esperança de ficarmos confortáveis e seguros. Mas, na verdade, nunca podemos evitar a incerteza. Esse não saber é parte da aventura e é também o que nos faz ter medo.

O treinamento da boditchita não oferece a promessa de finais felizes. Em vez disso, esse "eu" que deseja encontrar segurança – que quer algo a que se agarrar – pode, finalmente, aprender a crescer. A questão central do treinamento do guerreiro não é como evitamos a incerteza e o medo, mas como nos relacionamos com o desconforto. Como é que praticamos com a dificuldade, com as nossas emoções, com os embates imprevisíveis de um dia normal?

Com muita frequência, nos comportamos como pássaros tímidos que não ousam deixar o ninho. Ficamos sentados em um ninho que está se tornando bastante malcheiroso e que já há muito tempo não tem mais servido à sua função. Ninguém chega para nos alimentar. Não há mais ninguém nos protegendo e nos mantendo aquecidos. E, ainda assim, guardamos a esperança de que a mamãe pássaro irá retornar.

Poderíamos fazer a nós mesmos o favor supremo de, finalmente, abandonar esse ninho. É óbvio que, para isso, é necessário coragem. Também está claro que poderíamos usar algumas dicas úteis. Podemos duvidar de que estejamos aptos a ser guerreiros em treinamento. Mas podemos nos fazer a seguinte pergunta: "Eu prefiro crescer e me relacionar diretamente com a vida ou vou escolher viver e morrer com medo?"

Todos os seres possuem a capacidade de sentir ternura – de ter o coração partido, de sentir dor e incerteza. Portanto, o coração iluminado da boditchita está disponível em todos nós. O mestre da meditação do insight, Jack Kornfield, conta ter testemunhado isso na época do Khmer Vermelho, no Camboja. Cinquenta mil pessoas haviam se tornado comunistas sob a mira de armas, ameaçadas de morte se continuassem com suas práticas budistas. Apesar do perigo, um templo foi criado no campo de refugiados e 20 mil pessoas compareceram à cerimônia de inauguração. Não houve sermões nem preces, simplesmente o contínuo entoar de um dos ensinamentos centrais do Buda:

O ódio nunca termina pelo ódio;
somente pelo amor ele é curado.
Esta é uma lei antiga e eterna.

Milhares de pessoas cantaram e choraram, sabendo que a verdade dessas palavras era ainda maior do que o seu sofrimento.

A boditchita possui esse tipo de poder. Ela nos inspira e apoia nos bons e nos maus momentos. É como descobrir uma sabedoria e uma coragem que nem mesmo sabíamos que tínhamos. Da mesma maneira que a alquimia transmuda qualquer metal em ouro, a boditchita pode, se assim permitirmos, transformar qualquer atividade, palavra ou pensamento em um veículo para despertar a nossa compaixão.

DOIS

SERVIR-SE DA FONTE

Um ser humano é parte de um todo que chamamos "o Universo", uma parte limitada no espaço e no tempo. Ele sente a si próprio, seus pensamentos e suas emoções, como algo separado do resto – um tipo de ilusão de ótica da consciência. Para nós, essa ilusão é uma espécie de prisão, restringindo-nos a nossos desejos e afeições pessoais para com algumas pessoas mais próximas. Nossa tarefa deve ser a de nos libertarmos dessa prisão, ampliando nosso círculo de compreensão e compaixão de modo que possa incluir em sua beleza todas as criaturas viventes e a totalidade da natureza.
– ALBERT EINSTEIN

Quando estávamos cavando as fundações para o centro de retiro, em Gampo Abbey, atingimos um leito rochoso e uma pequena rachadura apareceu. Um minuto mais tarde, começou a fluir água. Uma hora depois, o fluxo era mais forte e a rachadura tinha se alargado.

Assim é encontrar a bondade fundamental da boditchita – servir-se de uma fonte de água que esteve temporariamente presa dentro de uma rocha sólida. Quando tocamos o cerne da tristeza; quando nos sentamos com o desconforto, sem tentar remediá-lo; quando nos mantemos presentes na dor da desaprovação ou da traição e permitimos que ela nos suavize, é nesses momentos que fazemos a conexão com a boditchita.

Servir-se desse local trêmulo e delicado traz um efeito transformador. Estar nesse local pode parecer incerto e inseguro, mas é também um grande alívio. Somente permanecer lá, mesmo que por um momento apenas, traz a sensação de um genuíno ato de bondade para com nós mesmos. Sermos suficientemente compassivos a ponto de aceitar nossos próprios medos exige coragem, é claro, e isso definitivamente parece contraintuitivo. Mas é o que precisamos fazer.

É difícil saber se devemos rir da condição humana ou chorar por ela. Aqui estamos, com tanta sabedoria e ternura e – sem perceber – as escondemos, para nos protegermos da insegurança. Apesar de termos potencial para sentir a liberdade de uma borboleta, misteriosamente, preferimos o pequeno e amedrontado casulo do ego.

Uma amiga estava me contando sobre seus pais idosos, na Flórida. Eles vivem em uma área onde há pobreza e dificuldades; a ameaça de violência parece bastante real. Seu modo de lidar com isso é viver em uma comunidade murada, protegida por cães de guarda e portões elétricos. Eles esperam, é claro, que nada de atemorizante entre lá. Infelizmente, os pais de minha amiga estão cada vez com mais medo de sair de dentro daqueles muros. Eles querem ir à praia ou ao campo de golfe, mas estão apavorados demais para se mexerem. Agora, mesmo pagando alguém para fazer as compras para eles, a sensação de insegurança está se tornando ainda mais forte. Ultimamente, eles se tornaram paranoicos até mesmo em relação àqueles que têm permissão para atravessar os portões: pessoas que consertam aparelhos danificados, jardineiros, encanadores e eletricistas. Por seu isolamento, eles estão se tornando incapazes de lidar com um mundo imprevisível. Essa é uma analogia muito próxima de como funciona o ego.

Como disse Albert Einstein, a tragédia de nos sentirmos separados do resto do mundo é que essa ilusão se transforma em uma prisão. E, mais triste ainda, nos tornamos cada vez mais amedrontados com a possibilidade de liberdade. Quando as barreiras desmoronam, não sabemos o que fazer. Precisamos ser prevenidos a respeito da sensação de quando as paredes começam a ruir. Precisamos que nos digam que o medo e o temor são companheiros do crescer e que é preciso coragem para se soltar. Não é possível encontrar a coragem para ir aos lugares que nos assustam sem uma investigação compassiva de como funciona o ego. Então nos perguntamos: "O que devo fazer quando sinto que não sou capaz de lidar com o que acontece? Onde devo procurar forças e em que devo depositar minha confiança?"

O Buda ensinou que flexibilidade e abertura trazem força e que fugir da insegurança nos enfraquece e traz dor. Mas será que compreendemos que a chave está em nos familiarizarmos com a fuga? A abertura não vem de resistirmos aos nossos medos, mas de passarmos a conhecê-los bem.

Em vez de atacarmos aquelas muralhas e barreiras com uma marreta, prestamos atenção nelas. Com gentileza e honestidade, nos aproximamos daqueles muros. Nós os tocamos, cheiramos e passamos a conhecê-los bem. Começamos um processo de reconhecimento de nossas aversões e nossos anseios. Familiarizamo-nos com as estratégias e crenças que utilizamos para construir as muralhas: quais são as histórias que conto para mim mesmo? O que me afasta e o que me atrai? Começamos a ficar curiosos sobre o que está acontecendo. Sem chamar o que vemos de certo ou errado, apenas olhamos, tão objetivamente quanto conseguimos. Podemos nos observar com humor, sem ficarmos demasiadamente sérios, moralistas ou constrangidos a respeito dessa investigação. Ano após ano, treinamos para nos tornarmos abertos e receptivos ao que quer que ocorra. Devagar, aos pouquinhos, as rachaduras nos muros parecem se alargar e, como num passe de mágica, a boditchita passa a fluir livremente.

Um ensinamento que nos ajuda nesse processo de desbloquear a boditchita é o dos três senhores do materialismo. Essas são as três maneiras de nos protegermos deste mundo fluido, elusivo; três estratégias que empregamos para nos garantir a ilusão de segurança. Esse ensinamento nos encoraja a nos familiarizarmos com as estratégias do ego, para que possamos ver com nitidez como continuamos a procurar conforto e facilidades, usando meios que só fazem reforçar nossos medos.

O primeiro dos três senhores do materialismo é chamado de senhor da forma. Ele representa como esperamos que algo do exterior nos proporcione um solo firme. Podemos começar a prestar atenção nos nossos métodos de fuga. O que faço quando me sinto ansioso ou deprimido, entediado ou solitário? Minha solução é a "terapia das compras"? Ou me volto para o álcool ou para a comida? Eu me animo com drogas, sexo, ou procuro aventura? Prefiro retirar-me para o esplendor da natureza ou para o mundo delicioso que um livro realmente bom oferece? Eu preencho o espaço fazendo ligações telefônicas, navegando na internet ou assistindo à TV por horas? Alguns desses métodos são perigosos, outros são divertidos e outros ainda são bastante benignos. O ponto é que podemos fazer uso inadequado de qualquer substância ou atividade somente para fugir da insegurança. Quando nos viciamos no senhor da forma, estamos criando as causas e condições para a escalada do sofrimento. Não conseguimos qualquer satisfação duradoura, por mais que tentemos. Pelo contrário, exatamente aqueles sentimentos dos quais tentamos fugir tornam-se mais fortes.

Uma analogia tradicional da dor causada pelo senhor da forma é a de um camundongo que é pego em uma ratoeira porque não consegue resistir ao desejo de comer o queijo. O Dalai Lama oferece uma variante interessante dessa analogia. Ele diz que quando era criança, no Tibete, costumava tentar capturar camundongos, não porque quisesse matá-los, mas porque queria ser mais esperto do que eles. Conta que os camundongos de lá devem ser mais espertos do que os camundongos comuns, porque ele nunca conseguiu capturar nenhum. Eles se tornaram, então, seus modelos de uma conduta iluminada. Ele acredita que, diferentemente da maioria de nós, aqueles pequenos animais chegaram à conclusão de que a melhor coisa que eles poderiam fazer a si mesmos era conter o prazer imediatista de comer o queijo para conseguir o prazer duradouro de continuar vivendo. Ele nos encoraja a seguir esse exemplo.

Não importando como sejamos apanhados, nossa reação usual não é ficarmos curiosos sobre o que está ocorrendo. Normalmente, não investigamos as estratégias do ego. Quase sempre procuramos, cegamente, algo familiar, que associamos com alívio, e depois ficamos imaginando por que continuamos insatisfeitos. A abordagem radical da prática da boditchita é prestar atenção naquilo que fazemos. Sem julgamento, treinamos para reconhecer, gentilmente, o que quer que esteja ocorrendo. Às vezes, podemos chegar a decidir que não queremos mais nos ferir pelo emprego dos mesmos velhos meios.

O segundo dos três senhores do materialismo é o senhor da fala. Esse senhor representa como usamos nossas crenças, de todos os tipos, para nos dar a ilusão de certeza sobre a natureza da realidade. Quaisquer dos "ismos" – político, ecológico, filosófico ou espiritual – podem sofrer abusos dessa maneira. "Politicamente correto" é um bom exemplo de como opera esse senhor. Quando acreditamos na correção de nossa visão, podemos ser muito preconceituosos e tacanhos a respeito das falhas das outras pessoas.

Como eu reajo, por exemplo, quando minhas crenças sobre o governo são contestadas? E quando os outros não concordam com minha opinião sobre a homossexualidade, ou sobre os direitos das mulheres, ou sobre o meio ambiente? O que acontece quando minhas ideias sobre fumar ou beber são desafiadas? O que eu faço quando minhas convicções religiosas não são compartilhadas?

Praticantes novatos costumam adotar a meditação ou os ensinamentos budistas com um entusiasmo apaixonado. Sentimo-nos parte de um novo grupo, felizes por termos uma nova perspectiva. Mas, por causa disso, julgamos as pessoas que veem o mundo de forma diferente? Fechamos nossa mente aos outros porque eles não creem em carma?

O problema não está nas crenças propriamente ditas, mas em como as usamos para conseguir sustentação sob nossos pés, como as usamos para sentir que estamos certos e que o outro está errado, como as usamos para evitar o sentimento de intranquilidade de não saber o que está se passando. Isso me lembra um colega que conheci nos anos 1960, cuja paixão era protestar contra a injustiça. Toda vez que um conflito parecia prestes a ser resolvido ele mergulhava em uma espécie de melancolia. Quando surgia uma nova causa para revolta, ele se animava outra vez.

Jarvis Jay Masters é um budista amigo meu que vive no "corredor da morte". Em seu livro *Finding Freedom* (Encontrando a liberdade), ele conta uma história a respeito do que acontece quando somos seduzidos pelo senhor da fala.

Uma noite, ele estava sentado na cama, lendo, quando seu vizinho Omar gritou: "Ei, Jarvis, ligue a TV no canal 7!" Jarvis já estava com a TV ligada, mas sem som. Ele olhou e viu um monte de gente enraivecida, agitando os braços no ar. Ele perguntou: "Ei, Omar, o que está acontecendo?" E seu vizinho lhe contou: "É a Ku Klux Klan, Jarvis, eles estão gritando e vociferando que tudo é culpa dos negros e dos judeus."

Alguns minutos mais tarde, Omar gritou: "Ei, veja o que está acontecendo agora!" Jarvis olhou para a TV e viu um grande grupo de pessoas marchando, agitando placas e sendo presas. Ele comentou: "Só de olhar para eles, posso dizer que estão realmente bravos com alguma coisa. O que está acontecendo com todas essas pessoas?" Omar disse: "Jarvis, essa é uma manifestação de ambientalistas. Eles estão exigindo que termine o corte de árvores, a matança de focas e tudo o mais. Você vê aquela mulher enfurecida, ao microfone, e todas aquelas pessoas gritando?"

Dez minutos mais tarde, Omar chamou novamente: "Ei, Jarvis! Você ainda está assistindo? Consegue ver o que está acontecendo agora?" Jarvis olhou e, dessa vez, viu uma porção de pessoas bem-vestidas, de terno, que pareciam estar realmente revoltadas com alguma coisa. Ele disse: "Qual é o problema com esses caras?" E Omar respondeu: "Jarvis, aqueles são o presidente e os senadores dos Estados Unidos e eles estão brigando e discutindo, bem na frente da TV, em rede nacional, cada um tentando convencer o público de que o outro é o culpado desta terrível situação econômica."

Jarvis constatou: "Bem, Omar, eu certamente aprendi algo interessante hoje. Quer estejam vestidas com fantasias da Klan, roupas de ambientalistas ou ternos caros, todas essas pessoas têm as mesmas expressões raivosas."

Ser pego pelo senhor da fala pode começar com apenas uma razoável convicção daquilo que sentimos ser verdadeiro. No entanto, se percebermos que estamos sendo tomados por uma justa indignação, esse é um sinal claro de que já fomos longe demais e que nossa capacidade de causar alguma mudança estará comprometida. Crenças e ideais se tornaram somente uma outra maneira de erguer muralhas.

O terceiro senhor, o senhor da mente, usa a estratégia mais sutil e sedutora de todas. Ele entra em cena quando tentamos evitar a inquietação apelando para estados mentais especiais. Dessa forma, podemos usar as drogas, o esporte, as práticas espirituais e até o ato de nos apaixonarmos. Existem muitas maneiras de se obterem estados alterados da mente. Esses estados especiais viciam. Quando nos libertamos de nossa experiência mundana isso traz uma sensação tão boa! Queremos mais. Meditadores novatos, por exemplo, muitas vezes esperam, com treinamento, poder transcender o sofrimento da vida normal. É um desapontamento, para dizer o mínimo, ser instruído a tocar na parte mais densa das coisas, a permanecer aberto e receptivo tanto ao tédio quanto à felicidade.

Às vezes, inesperadamente, as pessoas têm experiências surpreendentes. Não faz muito tempo, uma advogada me contou que, enquanto esperava o sinal abrir, de pé em uma esquina, uma coisa extraordinária lhe aconteceu. De repente, seu corpo se expandiu até ela o sentir do tamanho do Universo. Instintivamente, a advogada sentiu que ela e o Universo eram uma coisa só. Ela não teve qualquer dúvida de que isso era verdade. Ela soube que não era separada de tudo o mais, como acreditara antes.

É desnecessário dizer que essa experiência abalou todas as suas crenças e levou-a a questionar o que fazemos com nossa vida, gastando tanto tempo na tentativa de proteger a ilusão de nosso território pessoal. Ela compreendeu como essa condição conduz às guerras e à violência, que estão aumentando em todo o mundo. O problema apareceu quando ela começou a se apegar à sua experiência, quando ela a quis de volta. A percepção normal não a satisfazia mais: ela ficava se sentindo atormentada e desconectada. Ela sentia que, se não conseguisse permanecer naquele estado alterado, seria melhor morrer.

Nos anos 1960, conheci pessoas que tomavam LSD todos os dias, acreditando que poderiam manter aquele estado. Em vez disso, elas fritaram o próprio cérebro. Eu ainda conheço homens e mulheres que são viciados em se apaixonar. Como Don Juan, eles não suportam quando o brilho inicial começa a diminuir, e assim estão sempre procurando alguém novo.

Mesmo que experiências extraordinárias possam nos mostrar a verdade e nos informar sobre o porquê de estarmos treinando, elas, essencialmente, não são grande coisa. Se não pudermos integrá-las nos altos e baixos de nossa vida, se nos agarrarmos a elas, elas irão nos atrapalhar. Podemos confiar em que nossas experiências são válidas, mas temos que ir adiante e aprender a nos relacionar com nossos vizinhos. Então, mesmo os mais extraordinários insights podem começar a permear nossa vida. Como disse Milarepa, o iogue tibetano do século XII, sobre as experiências extraordinárias de seu discípulo Gampopa: "Elas não são boas nem más. Continue meditando." O problema não são os estados especiais, mas a capacidade deles de viciar. Como é inevitável que tudo que sobe precisa descer, ao nos refugiarmos no senhor da mente estaremos condenados ao desapontamento.

Cada um de nós possui uma variedade de táticas habituais para evitar a vida como ela é. Em resumo, essa é a mensagem dos três senhores do materialismo. Parece que esse ensinamento simples é a autobiografia de todos. Quando usamos essas táticas, nos tornamos menos capazes de gozar a ternura e a maravilha disponíveis nas ocasiões mais comuns. Conectar-se com a boditchita é algo comum.

Se não fugirmos das incertezas do dia a dia, podemos entrar em contato com a boditchita. É uma força natural que deseja emergir. De fato, ela não pode ser detida. Uma vez que deixemos de bloqueá-la com as estratégias do ego, a água renovadora da boditchita começará, definitivamente, a fluir. Podemos retardá-la. Podemos represá-la. No entanto, assim que houver uma abertura, a boditchita sempre aparecerá, como aquelas ervas e flores que nascem nas calçadas tão logo aparece uma rachadura.

TRÊS

Os fatos da vida

Uma nova atitude começa a acontecer quando olhamos para ver que ontem era ontem e que, agora, ontem se foi; hoje é hoje e, agora, hoje é novo. É assim – cada hora, cada minuto está mudando. Quando deixamos de observar a mudança, deixamos de ver tudo como sendo novo.

– DZIGAR KONGTRUL RINPOCHE

O Buda ensinou que existem três características principais da existência humana: impermanência, ausência de ego e sofrimento ou insatisfação. De acordo com o Buda, a vida de todos os seres está marcada por essas três qualidades. Reconhecer essas qualidades como reais e verdadeiras, em nossa própria experiência, nos ajuda a relaxar com as coisas como elas realmente são.

A primeira vez que ouvi esse ensinamento, ele me pareceu acadêmico e distante. Mas quando fui encorajada a prestar atenção – ser curiosa sobre aquilo que estava acontecendo com meu corpo e minha mente –, alguma coisa mudou. Pude observar, por experiência própria, que nada é estático. Meus humores estão constantemente mudando, como o clima. Eu, definitivamente, não estou no controle de quais pensamentos ou emoções vão surgir, nem posso impedir o seu fluxo. A imobilidade é seguida por movimento, o movimento retorna à imobilidade. Mesmo a mais persistente dor física, quando presto atenção nela, muda como a maré.

Sou grata ao Buda por nos mostrar que aquilo contra o que lutamos, durante toda a vida, pode ser visto como experiências normais. A vida *realmente*, continuamente, sobe e desce. As pessoas e as situações *são* imprevisíveis, assim como tudo o mais. Todos conhecem a dor de receber aquilo que não se queria: santos, pecadores, vencedores e perdedores. Sinto gratidão por alguém ter visto a verdade e mostrado que não sofremos esse tipo de dor por causa de nossa inabilidade pessoal de fazer as coisas direito.

A primeira marca da existência é que nada é estático ou fixo, tudo é fugaz e impermanente. É o estado normal das coisas. Tudo está em processo. Tudo – cada árvore, cada folha de grama, todos os animais, insetos, seres humanos, edifícios; os animados e os inanimados – está sempre em mudança, momento a momento. Não precisamos ser místicos ou físicos para saber disso. No entanto, no nível da percepção pessoal, resistimos a esse fato básico. Isso significa que nem sempre a vida nos será favorável. Significa que haverá perdas, assim como ganhos. E não gostamos disso.

Certa vez, eu estava mudando de emprego e de residência ao mesmo tempo. Eu me sentia insegura, incerta e "sem chão". Na esperança de que Trungpa Rinpoche dissesse algo que pudesse me ajudar a lidar com essas mudanças, queixei-me a ele sobre ter problemas com transições. O mestre me olhou, de modo um pouco inexpressivo, e disse: "Estamos sempre em transição." Depois, completou: "Se você puder simplesmente relaxar com isso, não terá problemas."

Sabemos que tudo é impermanente, que tudo se desgasta. Apesar de podermos, intelectualmente, aceitar essa verdade, emocionalmente sentimos uma profunda aversão enraizada nela. Queremos a permanência; esperamos a permanência. Nossa tendência natural é procurar a segurança; acreditamos que podemos encontrá-la. Sentimos a impermanência no dia a dia como frustração. Usamos nossas atividades diárias como um escudo contra a ambiguidade fundamental de nossa situação, gastando uma tremenda energia para tentar manter afastadas a impermanência e a morte. Não gostamos que nosso corpo mude de forma. Não gostamos de envelhecer. Temos pavor de rugas e de pele flácida. Usamos produtos para a saúde como se, realmente, acreditássemos que *nossa* pele, *nosso* cabelo, *nossos* olhos e dentes podem, de algum modo, escapar miraculosamente da verdade da impermanência.

Os ensinamentos budistas aspiram a nos libertar desse modo limitado de nos relacionarmos. Eles nos encorajam a relaxar, gradual e completamente, na verdade comum e óbvia da mudança. Reconhecer essa verdade não significa que estamos olhando o lado sombrio. Significa que estamos começando a entender que não somos os únicos que não conseguem manter as coisas nos trilhos. Não acreditamos mais que existam pessoas que tenham conseguido evitar a incerteza.

A segunda marca da existência é a ausência de ego. Como seres humanos, somos tão impermanentes como tudo o mais. Cada célula de nosso corpo está em permanente mudança. Os pensamentos e as emoções surgem e desaparecem sem cessar. Quando pensamos que somos competentes ou que não temos futuro – em que nos baseamos? Neste momento fugaz? No sucesso ou no fracasso de ontem? Nós nos apegamos a uma ideia fixa de quem somos, e isso nos limita. Nada nem ninguém é fixo. Faz muita diferença se a realidade da mudança é, para nós, uma fonte de liberdade ou uma fonte de horrível ansiedade. Os dias de nossa vida trazem mais sofrimento ou maior capacidade de sentir alegria? Essa é uma questão importante.

Algumas vezes, a ausência de ego é chamada de *não eu*. Essas palavras podem ser enganosas. O Buda não estava sugerindo que desaparecêssemos – ou que pudéssemos apagar nossa personalidade. Como perguntou, certa vez, um discípulo: "Experimentar a ausência de ego não faz a vida se tornar meio sem graça?" Não é bem assim. O Buda estava mostrando que a ideia fixa que fazemos de nós mesmos, de sermos sólidos e separados uns dos outros, é dolorosamente limitante. É possível passarmos pelo drama de nossa vida sem acreditarmos tão seriamente no personagem que estamos representando. É um problema, para nós, que nos levemos tão a sério e que, em nossa mente, sejamos tão absurdamente importantes. Sentimo-nos justificados por estarmos irritados com tudo. Sentimo-nos justificados por nos depreciarmos ou por sentirmos que somos mais espertos do que as outras pessoas. A autoimportância nos faz mal, limitando-nos ao estreito mundo dos nossos gostos e desgostos. Terminamos terrivelmente entediados com nós mesmos e com o mundo. Acabamos nunca satisfeitos.

Temos duas alternativas: ou questionamos nossas crenças ou não. Ou aceitamos nossas versões fixas da realidade ou começamos a questioná-las. Na opinião do Buda, treinar para permanecermos abertos e curiosos – treinar a dissolução de nossas suposições e crenças – é o melhor uso que podemos fazer da nossa vida humana.

Quando treinamos para despertar a boditchita, estamos alimentando a flexibilidade de nossa mente. Nos termos mais comuns, a ausência de ego é uma identidade flexível. Ela se manifesta como curiosidade, adaptabilidade, humor, comportamento lúdico. É a nossa capacidade de relaxar no "não saber", sem desvendar tudo até o fim, sem estarmos absolutamente certos sobre quem somos – ou quem qualquer outra pessoa seja, também.

O único filho de um homem foi dado como morto em batalha. Inconsolável, o homem se trancou em casa durante três semanas, recusando qualquer apoio ou conforto. Na quarta semana, o filho voltou para casa. Vendo que ele não estava morto, as pessoas da cidade se emocionaram até as lágrimas. Em júbilo, acompanharam o jovem até a casa de seu pai e bateram na porta. "Pai", anunciou o filho, "eu voltei". Mas o velho se recusou a responder. "Seu filho está aqui, ele não foi morto", disseram as pessoas. Mas o velho não veio até a porta. "Vão embora e deixem-me com minha dor!", gritou ele. "Eu sei que meu filho se foi para sempre e vocês não podem me enganar com suas mentiras."

Assim é com todos nós. Temos certeza de quem somos e de quem são os outros, e isso nos cega. Se outra versão da realidade vem bater à nossa porta, nossas ideias fixas nos impedem de aceitá-la.

Como vamos usar esse breve período de vida que temos? Vamos reforçar nossa aperfeiçoada habilidade de lutar contra a incerteza ou vamos nos treinar para aceitá-la? Vamos, teimosamente, nos agarrar a "Sou desta maneira e você é daquela" ou vamos ultrapassar essa mente estreita? Poderíamos começar a nos treinar como guerreiros, aspirando a reconectar-nos com a flexibilidade natural de nosso ser e a ajudar os outros a fazerem o mesmo? Se começarmos a nos mover nessa direção, ilimitadas possibilidades começarão a se abrir.

O ensinamento da ausência de ego mostra nossa natureza dinâmica, mutável. Este corpo nunca se sentiu exatamente como está se sentindo agora. Esta mente está tendo um pensamento que, mesmo parecendo repetido, ela nunca mais terá. Eu poderia dizer: "Isto não é maravilhoso?" Mas, normalmente, não sentimos isso como maravilhoso; nós o sentimos como enervante e lutamos desesperadamente por um apoio. O Buda foi bastante generoso ao nos mostrar uma alternativa. Não estamos aprisionados na identidade do sucesso ou do fracasso, ou em qualquer outra identidade, seja em termos de como os outros nos veem ou em como nós mesmos nos vemos. Cada momento é único, desconhecido, completamente novo. Para um guerreiro em treinamento, a ausência de ego é motivo de júbilo em vez de medo.

A terceira marca da existência é o sofrimento, a insatisfação. Como disse Suzuki Roshi, a verdadeira força somente é adquirida por meio da prática, através de uma contínua sucessão de situações agradáveis e desagradáveis. Aceitar que a dor é inerente e viver a vida a partir dessa compreensão é criar as causas e condições para a felicidade.

Para simplificar, sofremos ao resistir à nobre e irrefutável verdade da impermanência e da morte. Sofremos não porque somos basicamente maus, ou porque merecemos ser punidos, mas por causa de três trágicos mal-entendidos.

Primeiro, esperamos que aquilo que está em constante mudança seja previsível e possa ser aprisionado. Nascemos com uma ânsia por resolução e segurança que governa nossos pensamentos, palavras e ações. Somos como pessoas em um barco que está se despedaçando, tentando nos agarrar à água. O fluxo dinâmico, energético e natural do Universo não é aceitável para a mente convencional. Nossos preconceitos e vícios são padrões que afloram do medo de um mundo fluido. Ao tomarmos, de forma errada, por permanente o que é mutável, nós sofremos.

Em segundo lugar, procedemos como se fôssemos separados de todo o resto, como se fôssemos uma identidade permanente, quando, na verdade, nossa verdadeira situação é livre de ego. Insistimos em ser Alguém, com A maiúsculo. Conseguimos segurança ao nos definirmos como alguém indigno ou digno, superior ou inferior. Desperdiçamos um tempo valioso exagerando, romanceando ou depreciando a nós mesmos, com a certeza complacente de que sim, isto é quem somos. Confundimos a abertura de nosso ser – a maravilha e a surpresa inerente a cada momento – com um "eu" sólido, irrefutável. Por causa dessa confusão, nós sofremos.

Em terceiro lugar, procuramos a felicidade sempre nos lugares errados. O Buda chamou esse hábito de "confundir sofrimento com felicidade", como uma mariposa que voa para a chama. Como sabemos, as mariposas não são as únicas que estão dispostas a se destruir na tentativa de alcançar um alívio temporário. Em termos de como procuramos a felicidade, somos como o alcoólatra, que bebe para eliminar a depressão que cresce a cada gole, ou o drogado, que se droga para conseguir alívio do sofrimento que aumenta a cada dose.

Uma amiga que está sempre fazendo regime observou que esse ensinamento seria mais fácil de seguir se nossos vícios não oferecessem um alívio temporário. Como sentimos, com eles, uma breve satisfação, continuamos sendo fisgados. Ao repetir nossa procura por gratificações instantâneas, com vícios de todo tipo – alguns aparentemente benignos, alguns obviamente letais –, continuamos a reforçar os velhos padrões de sofrimento. Reforçamos os padrões funcionais deturpados.

Tornamo-nos, então, cada vez menos capazes de suportar mesmo as menores inquietações ou desconfortos. Ficamos habituados a nos servir de algo para aliviar a inquietação do momento. O que começa como um ligeiro reposicionamento de energia – um pequeno aperto no estômago, uma vaga e indefinida sensação de que algo ruim está para acontecer – cresce para tornar-se um vício. Essa é a nossa maneira de tentar tornar a vida previsível. Por confundirmos o que sempre resulta em sofrimento com o que nos trará felicidade, permanecemos presos ao hábito repetitivo de aumentar nossa insatisfação. Na terminologia budista, esse ciclo vicioso é chamado de *samsara*.

Quando começo a duvidar de que sou capaz de estar presente na impermanência, no não ego e no sofrimento, me animo com a lembrança bem-humorada de Trungpa Rinpoche de que não existe cura para o frio ou para o calor. Não existe cura para os fatos da vida.

Esse ensinamento sobre as três marcas da existência pode nos motivar a parar de lutar contra a natureza da realidade. Podemos parar de causar mal, aos outros e a nós mesmos, com nossos esforços para escaparmos das alternâncias entre prazer e dor. Podemos relaxar e ficar totalmente presentes em nossa vida.

QUATRO

APRENDENDO A FICAR

A prática da meditação é considerada uma boa e, de fato, excelente maneira de acabar com as guerras no mundo: a nossa própria guerra, bem como as guerras maiores.
– CHÖGYAM TRUNGPA RINPOCHE

Como espécie, nunca deveríamos subestimar nossa baixa tolerância ao desconforto. A novidade é que podemos utilizar o encorajamento para ficar com nossas vulnerabilidades. A meditação sentada é nosso apoio para aprender a fazê-lo. A meditação sentada, também conhecida como prática da "atenção-consciência", é o fundamento do treinamento da boditchita. É a base natural, a casa do guerreiro-bodisatva.

A meditação sentada cultiva a bondade amorosa e a compaixão, as qualidades relativas da boditchita. Ela oferece uma maneira de nos aproximarmos de nossos pensamentos e nossas emoções e de entrarmos em contato com nosso corpo. É um método para cultivar a amizade incondicional para com nós mesmos e para descerrar a cortina de indiferença que nos distancia do sofrimento dos outros. É o nosso veículo para aprendermos a ser uma pessoa verdadeiramente amorosa.

Através da meditação, aos poucos vamos notando que existem brechas em nosso diálogo interior. Experimentamos uma pausa, em meio à nossa contínua conversa com nós mesmos, como que acordando de um sonho. Reconhecemos a nossa capacidade de relaxar na clareza, no espaço e na consciência ilimitados que já existem em nossa mente. Experimentamos momentos de estar presente, exatamente aqui, que percebemos como simples, diretos e organizados.

Essa volta ao exato momento da nossa experiência é o treinamento na boditchita incondicional. Por simplesmente estarmos aqui, relaxamos mais e mais, na dimensão aberta de nosso ser. Sentimos como se estivéssemos saindo de um mundo de fantasia e descobrindo a verdade pura e simples.

No entanto, não há nenhuma garantia de que a meditação sentada lhe será proveitosa. Podemos praticar durante anos sem que ela penetre nosso coração e nossa mente. Podemos usar a meditação para reforçar nossas falsas crenças em que ela nos protegerá do desconforto, nos acalmará, tornará realidade nossas esperanças e eliminará nossos medos. Isso acontece quando realmente não compreendemos a razão de estarmos praticando.

Por que meditamos? Essa é uma questão que seria sábio levantar. Por que nos preocuparíamos em passar algum tempo sozinhos com nós mesmos?

Em primeiro lugar, é bom esclarecer que meditar não é somente sentir-se bem. Pensar que é essa a razão de meditar é nos prepararmos para o fracasso. Acabaremos por acreditar que quase todas as vezes que nos sentamos fazemos algo errado: mesmo o meditador mais experiente sente dores psicológicas e físicas. A meditação nos acolhe exatamente como somos, com nossa confusão e nossa sanidade. Essa completa aceitação do que somos é chamada de *maitri*, um relacionamento simples e direto com nós mesmos.

Tentar nos corrigir não ajuda. Implica luta e autodepreciação. Provavelmente, o principal meio que usamos para reprimir a boditchita é nos depreciar.

Será que não mudar significa que vamos permanecer irados e dependentes até o dia de nossa morte? Essa é uma pergunta razoável. A longo prazo, tentar mudar a nós mesmos não funciona porque estaríamos resistindo à nossa própria energia. O autoaperfeiçoamento pode apresentar resultados temporários, mas a transformação duradoura só ocorre quando nos respeitamos como fonte de sabedoria e de compaixão. Como disse Shantideva, mestre budista do século VIII, somos muito parecidos com uma pessoa cega que encontra uma joia enterrada em um monte de lixo. Exatamente aqui, naquilo que gostaríamos de jogar fora, no que achamos repulsivo e amedrontador, descobrimos o calor e a claridade da boditchita.

Somente quando começamos a relaxar com nós mesmos é que a meditação se torna um processo de transformação. Somente quando nos relacionamos conosco, sem julgamento, sem aspereza, sem ilusão, é que podemos abandonar nossos padrões prejudiciais. Sem *maitri*, renunciar aos velhos hábitos se torna abusivo. Esse é um ponto importante.

Há quatro qualidades de *maitri* que cultivamos ao meditar: estabilidade, clareza de visão, percepção de nossa angústia emocional e atenção ao momento presente. Essas qualidades não só se aplicam à meditação sentada, como são essenciais para todas as práticas de boditchita e para nosso relacionamento com as situações difíceis da vida cotidiana.

Estabilidade. Quando praticamos a meditação, estamos fortalecendo nossa capacidade de permanecermos estáveis com nós mesmos. Aconteça o que acontecer – dores nos ossos, tédio, sonolência ou os mais loucos pensamentos ou emoções –, desenvolvemos uma lealdade para com a nossa experiência. Apesar de muitos meditadores considerarem essa alternativa, não saímos correndo e gritando da sala de meditação. Em vez disso, reconhecemos esse impulso como um pensamento, sem rotulá-lo como certo ou errado. Essa não é uma tarefa trivial. Nunca subestimamos nossa tendência de fugir quando nos sentimos incomodados.

Somos encorajados a meditar todos os dias, mesmo que por um curto período, para cultivarmos essa estabilidade para conosco. Meditamos em quaisquer circunstâncias – quer estejamos nos sentindo saudáveis ou doentes, quer estejamos de bom humor ou deprimidos, quer estejamos sentindo que nossa meditação está funcionando ou que está se desagregando. Ao continuarmos firmes na prática, verificamos que a meditação não tem a ver com fazer algo direito ou com atingir algum estado ideal. É sobre sermos capazes de permanecer presentes, com nós mesmos. Torna-se cada vez mais claro que não nos libertaremos dos padrões autodestrutivos a menos que desenvolvamos uma compreensão compassiva do que eles são.

Um aspecto da estabilidade é, simplesmente, estar em seu corpo. Como a meditação enfatiza o trabalho com a mente, é fácil você até mesmo esquecer que tem um corpo. Ao sentar-se, é importante que você relaxe em seu corpo e entre em contato com o que está acontecendo. Começando pelo topo da cabeça, você pode dedicar alguns minutos a tomar consciência de cada parte do seu corpo. Quando chegar aos lugares que estão doloridos ou tensos, você pode respirar, três ou quatro vezes, mantendo sua atenção naquela área. Quando chegar às solas dos pés, você pode parar ou, se preferir, pode repetir essa varredura em seu corpo, indo de baixo para cima. Então, a qualquer momento, durante seu período de meditação, você poderá, rapidamente, sintonizar-se de novo com a sensação de estar em seu corpo. Por um momento, você poderá trazer sua consciência de volta ao estar exatamente aqui. Você está sentado. Há sons, odores, imagens, dores; você está respirando, para dentro e para fora. Você poderá se reconectar com seu corpo dessa maneira sempre que lhe ocorrer – talvez uma ou duas vezes durante uma sessão de meditação. E, então, retornar à técnica.

Durante a meditação, descobrimos a nossa inerente inquietação. Algumas vezes, nos levantamos e saímos. Outras, permanecemos sentados, mas nosso corpo se torce e contorce e nossa mente viaja para longe. Isso pode ser tão incômodo que sentimos ser quase impossível ficar. No entanto, essa sensação nos ensina não somente sobre nós mesmos, mas também sobre o que significa ser humano. Todos nós extraímos segurança e conforto de um mundo imaginário de memórias, fantasias e planos. Na realidade, não queremos ficar com a nudez de nossa experiência presente. Estar presente não parece natural. E é nesses momentos que somente a bondade e o senso de humor podem nos dar a força de que necessitamos para nos acalmar.

A instrução essencial é "Fique... fique... só fique". Aprender a ficar com nós mesmos, em meditação, é como treinar um cachorro. Se treinarmos um cão com pancadas, acabaremos por ter um cão obediente, mas muito inflexível e bastante aterrorizado. O cão poderá obedecer quando dissermos "Fica!", "Vem!", "Rola!" e "Senta!", mas ele também será neurótico e confuso. Em contrapartida, treinar com carinho resulta em alguém flexível e confiante, que não se tornará perturbado ao se defrontar com situações imprevisíveis e inseguras.

Então, sempre que vagueamos, gentilmente nos encorajamos a "ficar" e a nos acomodar. Estamos ficando inquietos? Fique! Mente discursiva? Fique! O medo e a repugnância estão fora de controle? Fique! Os joelhos doem e as costas latejam? Fique! O que há para o almoço? Fique! O que é que eu estou fazendo aqui? Fique! Não aguento isto nem mais um minuto! Fique! É assim que se cultiva a estabilidade.

Visão clara. Após meditarmos por algum tempo, é comum sentir que estamos regredindo, em vez de despertando. "Até começar a meditar, eu era bem tranquilo; agora, sinto que estou sempre inquieto." "Eu nunca sentia raiva; agora, acontece o tempo todo." Podemos nos queixar de que a meditação está arruinando nossa vida, mas, de fato, essas experiências são um sinal de que estamos começando a ver com mais clareza. Ao praticar a técnica todos os dias, ano após ano, começamos a nos tornar muito honestos com nós mesmos. Ver claramente é outra maneira de dizer que estamos nos iludindo menos.

O poeta *beat* Jack Kerouac, sentindo-se preparado para uma descoberta espiritual, escreveu a um amigo, antes de se retirar para a selva: "Se no Pico da Desolação eu não tiver uma visão, então meu nome não é William Blake." Mais tarde, ele escreveu sobre ter descoberto quão difícil é encarar a verdade nua. "Pensei que em junho, quando atingisse o cume... e todos voltassem... eu estaria face a face com Deus, ou Tathagata [Buda], e descobriria, de uma vez por todas, qual o significado de toda esta existência e todo este sofrimento... mas, em vez disso, fiquei face a face comigo mesmo, sem as bebidas, sem as drogas, sem chance de fingir, cara a cara com o velho Detestável... Eu."

A meditação requer paciência e *maitri*. Se esse processo de visão clara não estiver baseado em autocompaixão, ele se tornará um processo de autoagressão. Precisamos da autocompaixão para estabilizar nossa mente. Precisamos dela para trabalhar nossas emoções. Precisamos dela para podermos ficar.

Quando aprendemos a meditar, somos instruídos a nos sentar, em determinada posição, em uma almofada ou cadeira. Somos instruídos a apenas permanecer no momento presente, conscientes de nossa respiração, de expirar. Somos instruídos de que, quando nossa mente vagueia, sem qualquer hostilidade ou julgamento de valor, devemos reconhecer isso como "pensando" e retornar à respiração. Treinamos retornar a este momento de estar presente. No processo de fazer isso, nossa nebulosidade, nossa confusão e nossa ignorância começam a se transformar em visão clara. *Pensando* se torna uma palavra-código para ver "somente aquilo que é" – tanto nossa clareza quanto nossa confusão. Não estamos tentando nos livrar dos pensamentos. Pelo contrário, estamos vendo claramente os mecanismos de defesa, as crenças negativas a respeito de nós mesmos, nossos desejos e expectativas. Também vemos nossa bondade, nossa coragem e nossa sabedoria.

Devido à prática regular da técnica de "atenção-consciência", não conseguimos mais nos esconder de nós mesmos. Vemos, com clareza, as barreiras que erguemos para nos proteger da experiência nua. Apesar de ainda associarmos as paredes que erigimos com segurança e conforto, começamos também a senti-las como uma restrição. Essa situação claustrofóbica é importante para um guerreiro. Ela marca o início do anseio por uma alternativa ao nosso mundo pequeno e familiar. Começamos a procurar arejamento. Queremos dissolver as barreiras existentes entre nós e os outros.

Percepção de nossa angústia emocional. Muitas pessoas, inclusive praticantes de longa data, usam a meditação como um meio para escapar de emoções difíceis. É possível usar, erroneamente, o rótulo "pensamento" como uma maneira de afastar a negatividade. Independentemente de quantas vezes tenhamos sido instruídos a nos mantermos abertos para o que quer que surja, ainda podemos usar a meditação como repressão. A transformação ocorre somente quando nos lembramos, a cada expiração, ano após ano, de ir ao encontro de nossa angústia emocional, sem condenar ou justificar nossa experiência.

Trungpa Rinpoche descreve a emoção como uma combinação de energia autoexistente e pensamentos. A emoção não pode proliferar sem nossos diálogos interiores. Se estivermos zangados ao nos sentarmos para meditar, somos instruídos a rotular nossos pensamentos como "pensando" e, então, deixá-los ir. Todavia, debaixo dos pensamentos, algo permanece – uma energia pulsante, vital. Não há nada de errado, nada de prejudicial nessa energia subjacente. Nossa prática é ficar com ela, experimentá-la e deixá-la como está.

Existem determinadas técnicas avançadas nas quais nossas emoções são intencionalmente estimuladas ao pensarmos em pessoas ou situações que nos despertam sentimentos de raiva, luxúria ou medo. A prática consiste em deixar irem os pensamentos assim suscitados e ficar conectado diretamente com sua energia, perguntando a si mesmo: "Quem sou eu sem esses pensamentos?" O que fazemos com a prática da meditação é mais simples do que isso, mas eu o considero igualmente desafiador. Quando a angústia emocional chega sem ser convidada, deixamos que seu enredo se vá e permanecemos com a energia. Essa é uma experiência a ser sentida, não um comentário verbal sobre algo que acontece. Podemos sentir a energia em nosso corpo. Se conseguirmos ficar com ela, sem extravasá-la nem reprimi-la, ela nos despertará. As pessoas costumam dizer: "Eu caio no sono toda vez que medito. O que devo fazer?" Existem diversos antídotos para a sonolência, mas meu favorito é "Sentir raiva!".

Não permanecer em nossa energia é um hábito humano previsível. Reagir e reprimir são táticas que usamos para nos livrar de nosso sofrimento emocional. Por exemplo, quando estamos com raiva, muitos de nós gritam para extravasar. Alternamos expressões de raiva com sentimentos de vergonha de nós mesmos ou, ainda, chafurdamos na culpa. Ficamos tão presos ao nosso comportamento repetitivo que nos tornamos peritos em nos autoestimular. Desse modo, continuamos a reforçar nossas emoções dolorosas.

Uma noite, anos atrás, surpreendi meu namorado abraçando apaixonadamente outra mulher. Estávamos na casa de um amigo que possuía uma coleção de cerâmica de valor inestimável. Eu estava furiosa e procurei alguma coisa para jogar nele. Tudo que eu pegava tinha que colocar de volta, porque valia, no mínimo, uns 10 mil dólares. Eu estava furiosa e não conseguia encontrar uma válvula de escape! Não havia alternativa a não ser sentir minha própria energia. O absurdo da situação eliminou totalmente a minha raiva. Eu fui lá fora, olhei para o céu e ri até chorar.

No budismo vajrayana, diz-se que a sabedoria é inerente às emoções. Quando lutamos contra nossa energia, estamos rejeitando a fonte da sabedoria. A raiva, sem sua fixação, nada mais é que a sabedoria da visão clara. O orgulho, sem uma fixação, é sentido como equanimidade. A energia da paixão, quando livre do apego, é sabedoria que enxerga todos os ângulos.

No treinamento da boditchita também damos as boas-vindas à energia viva das emoções. Normalmente, quando nossas emoções se intensificam, o que sentimos é medo. Esse medo está sempre à espreita em nossa vida. Na meditação sentada, praticamos soltar qualquer história que estejamos contando a nós mesmos e nos inclinar para o lado das emoções e do medo. Dessa maneira, treinamos abrir nosso coração amedrontado para a inquietação da nossa própria energia. Aprendemos a permanecer na experiência de nossa angústia emocional.

Atenção ao momento presente. Outro fator que cultivamos no transformador processo da meditação é a atenção a este exato momento. Fazemos a escolha, momento a momento, de estarmos totalmente aqui; nos ocuparmos da mente e do corpo, do momento presente, é uma maneira de sermos gentis conosco, com o outro e com o mundo. Essa qualidade da atenção é inerente à nossa capacidade de amar.

Voltar para o momento presente exige algum esforço, mas bem leve. A instrução é "tocar e deixar". Tocamos os pensamentos e, ao reconhecê-los como "pensamentos", os deixamos ir. É uma maneira de relaxar nosso esforço, é como tocar uma bolha de sabão com uma pluma. É uma abordagem não agressiva do "estar presente".

Às vezes, descobrimos que gostamos tanto de nossos pensamentos que não queremos deixá-los ir. Assistir à nossa sessão interior de cinema é muito mais divertido do que trazer nossa mente de volta para casa. Não há dúvida de que nosso mundo de fantasia pode ser muito suculento e sedutor. Por isso treinamos para usar um esforço "suave" ao interromper nossos padrões habituais; em outras palavras, treinamos para cultivar a autocompaixão.

Praticamos a meditação para nos ligarmos à *maitri* e à abertura incondicional. Por deliberadamente não bloquearmos nada, por tocarmos diretamente os nossos pensamentos e, depois, deixá-los ir, com uma atitude de não dar grande importância a eles, podemos descobrir que nossa energia fundamental é suave, saudável e nova. Podemos iniciar nosso treinamento como guerreiros descobrindo, por nós mesmos, que o básico é a boditchita, não a confusão.

CINCO

AS MÁXIMAS DO GUERREIRO

Em todas as atividades, treine com as máximas.
– MÁXIMA DO TREINAMENTO DA MENTE DE ATISHA

No século XI, Atisha Dipankara trouxe da Índia para o Tibete os ensinamentos completos da boditchita. Ele enfatizava especialmente o que chamou de ensinamentos *lojong*, os ensinamentos para o treinamento da mente. Tais ensinamentos são tão atuais porque nos mostram como transformar circunstâncias difíceis em um caminho para a iluminação; em nossa vida, as coisas de que mais desgostamos são o "arroz com feijão" das práticas de treinamento da mente, propostas por Atisha. Usamos o que nos parecem ser os maiores obstáculos – nossa raiva, nosso ressentimento, nossa irritação – para despertar a boditchita.

Durante algum tempo, após a morte de Atisha, esses ensinamentos foram mantidos em segredo, sendo passados somente a discípulos próximos. Eles só se tornariam amplamente conhecidos no século XII, quando o tibetano Geshe Chekawa os organizou na forma de 59 expressivas máximas. Elas são hoje conhecidas como as máximas de *lojong* ou as máximas de Atisha. Familiarizar-se com essas máximas e trazê-las à mente, ao longo da vida, consistem em uma valiosa prática de boditchita.*

Geshe Chekawa tinha um irmão que menosprezava os ensinamentos budistas e estava sempre criando problemas. No entanto, quando diversos leprosos que estudavam com Chekawa ficaram curados, seu irmão começou a se interessar pelo que estava sendo ensinado a eles. Escondido, do lado de fora da porta de Chekawa, o irascível irmão o ouvia falar sobre o uso de circunstâncias incômodas como caminho. Quando Chekawa notou que seu irmão estava ficando menos irritável, mais flexível e atencioso, percebeu que ele devia estar escutando e aplicando os ensinamentos de treinamento da mente. Foi então que ele decidiu ensinar as máximas de *lojong* e torná-las mais conhecidas. Ele concluiu que, se elas eram capazes de ajudar seu irmão, poderiam ajudar qualquer um.

É comum nos deixarmos arrastar pelo impulso habitual e não nos desviarmos nem um pouco de nossos padrões. Lembramo-nos de praticar quando nos sentimos traídos ou desapontados? Normalmente, não. Mas é justo ali, no meio de nossa confusão, que as máximas de Atisha mais fazem sentir seu valor. É fácil nos familiarizarmos com elas. O desafio maior é nos lembrarmos de aplicá-las. Lembrar-nos de uma máxima no auge da irritação – por exemplo, "Sempre medite sobre tudo que provoca ressentimento" – pode nos fazer dar uma parada, antes de reagirmos ao nosso ressentimento e dizermos algo maldoso. Uma vez que se torne familiar, uma máxima como essa surgirá espontaneamente em nossa mente e nos lembrará de ficarmos com a energia emocional em vez de extravasá-la.

---

* Para mais informações sobre as máximas de treinamento da mente, ver o Apêndice, onde estão listadas as 59 máximas, bem como os livros sobre treinamento das máximas, apresentados na Bibliografia.

As máximas de treinamento da mente nos apresentam um desafio. Seremos capazes de nos lembrar de uma máxima que possa nos trazer de volta quando estivermos fugindo do momento presente por meio de uma reação habitual? Em vez de sair a toda, podemos permitir que a intensidade emocional daquele momento tão quente, ou tão frio, nos transforme? A essência da prática das máximas é assumir a atitude de um guerreiro em relação ao desconforto. Ela nos encoraja a perguntar: "Como poderei praticar agora, neste exato momento doloroso, e transformar isto no caminho do despertar?" Em qualquer dia comum da vida, temos muitas oportunidades de fazer essa pergunta.

A máxima "Treine-se nas três dificuldades" nos dá a instrução de como interromper nossas reações habituais. As três dificuldades são: (1) reconhecer nossas neuroses como neuroses, (2) fazer algo diferente e (3) aspirar a continuar praticando dessa maneira.

Reconhecer que estamos totalmente desorientados é o primeiro e mais difícil passo em qualquer prática. É impossível nos libertarmos da confusão sem o reconhecimento compassivo de que estamos presos nela. "Fazer algo diferente" é fazer qualquer coisa que interrompa o antigo hábito de, tenazmente, cedermos às nossas emoções. Então, fazemos qualquer coisa para anular a forte tendência que temos de fugir. Podemos permitir que o enredo se dissipe, conectando-nos com a energia subjacente, ou usar qualquer das práticas da boditchita descritas neste livro. Qualquer coisa não habitual serve – até mesmo cantar e dançar ou correr em volta do quarteirão. Fazemos qualquer coisa que não reforce os hábitos que nos incapacitam. A terceira prática difícil é lembrar que isso não é algo que fazemos somente uma ou duas vezes. Interromper nossos hábitos destrutivos e despertar o coração é um trabalho para toda a vida.

Essencialmente, a prática é sempre a mesma: em vez de sermos presa de uma reação em cadeia, de vingança ou autodestruição, aos poucos aprendemos a reconhecer a reatividade emocional e a soltar a história. É então que sentimos completamente a sensação no corpo. Uma maneira de fazer isso é respirá-la para dentro do coração. Cultivamos a compaixão para conosco reconhecendo a emoção, abandonando qualquer história que estejamos contando para nós mesmos e sentindo a energia do momento. Podemos, então, levar isso um passo adiante. Podemos reconhecer que existem milhões que estão sentindo o mesmo que nós e respirar a emoção por nós todos, desejando que possamos todos nos libertar da confusão e das reações habituais que nos limitam. Quando, com compaixão, conseguirmos reconhecer nossa própria confusão, poderemos ampliar essa compaixão para incluir os outros, que estão igualmente confusos. A mágica do treinamento da boditchita está nessa etapa de ampliar o círculo da compaixão.

A ironia é que aquilo que mais queremos evitar na vida é o elemento crucial para despertar a boditchita. É nesses suculentos pontos emocionais que um guerreiro adquire sabedoria e compaixão. É claro que, muito mais frequentemente, vamos querer sair desses lugares ao invés de ficar neles. É por isso que autocompaixão e coragem são vitais. Permanecer na dor sem bondade amorosa é guerrear, somente.

Quando o chão estiver desmoronando, podemos nos lembrar da máxima: "Se puder praticar mesmo quando estiver distraído, você estará bem treinado." Se pudermos praticar quando estivermos ciumentos, ressentidos, desdenhosos ou quando nos odiarmos, então estaremos bem treinados. Novamente, praticar significa não continuar reforçando os padrões habituais que nos mantêm prisioneiros; significa fazer tudo que pudermos para sacudir e arejar nossa autojustificação e nosso sentimento de culpa.

Fazemos o melhor que podemos para ficar com a força da energia, sem extravasá-la ou reprimi-la. Ao agirmos assim, nossos hábitos se tornam mais insubstanciais.

Nossos padrões estão bem estabelecidos, são sedutores e reconfortantes. Somente desejar que eles sejam arejados não é suficiente. Aqueles que lutam com isso bem o sabem. A consciência é a chave. Conseguimos ver as histórias que estamos contando para nós mesmos e questionamos sua validade? Quando somos distraídos por uma forte emoção, nos lembramos de que ela é o nosso caminho? Conseguimos sentir a emoção e respirá-la para dentro do coração, por nós mesmos e por todas as outras pessoas? Se conseguirmos nos lembrar de experimentar isso, mesmo que ocasionalmente, estaremos nos treinando como guerreiros. E quando não conseguirmos praticar, por estarmos distraídos, mas *soubermos* que não conseguimos, ainda estaremos treinando bem. Nunca subestime o poder que existe em reconhecer compassivamente o que está se passando.

Quando estamos nos sentindo confusos sobre nossas palavras e ações e sobre o que causa danos ou não, a máxima "Dentre as duas testemunhas, fique com a principal" poderá aparecer, como que vindo do nada. Das duas testemunhas – nós e os outros –, somos os únicos a conhecer a verdade completa sobre nós mesmos.

Algumas vezes, conseguimos ver a nossa ignorância por meio de feedback do mundo exterior. Os outros podem ser muito úteis ao nos mostrarem nossos pontos cegos. Principalmente se eles nos fizerem levar um susto. Seríamos sensatos se prestássemos atenção nos insights e nas críticas dos demais. Mas, no final das contas, somos nós que sabemos o que se passa em nosso coração e em nossa mente. Nós é que ouvimos as nossas conversas internas, que sabemos quando nos retraímos ou nos sentimos inspirados.

Ao iniciarmos o treinamento, percebemos que temos sido bastante ignorantes a respeito do que estamos fazendo. Primeiro, percebemos que raramente somos capazes de relaxar no momento presente. Segundo, percebemos que construímos todo tipo de estratégias para evitar estarmos presentes, especialmente quando temos medo de que aquilo que está ocorrendo possa nos causar dor. Também percebemos nossa forte crença em que, se ao menos pudéssemos fazer tudo direito, seríamos capazes de encontrar um lugar protegido, confortável e seguro, para lá permanecermos pelo resto da vida.

Tendo crescido na década de 1950, por algum tempo eu pensei que o que via nas comédias de costumes da TV representava uma família típica. Todos se davam bem. Ninguém ficava bêbado ou tinha acessos de raiva. Nunca havia qualquer feiura real. Ao assistirmos a isso, muitos de nós pensávamos, é claro, que só a nossa família era uma exceção à norma. A verdade continuou sem ser dita, favorecendo esse sonho americano.

Ao praticarmos, começamos a perceber a diferença entre a fantasia e a realidade. Quanto mais estáveis estivermos na nossa experiência, mais conscientes estaremos de quando começamos a nos fechar e a nos retrair. Percebemos quando estamos nos depreciando? Compreendemos de onde vem o desejo de agredir os outros? Aspiramos a não mais continuar trilhando esse mesmo velho caminho de autodestruição? Percebemos que esse sofrimento que sentimos é compartilhado por todos os seres? Temos algum desejo de que todos nós deixemos de plantar as sementes do sofrimento? Somente a "testemunha principal" sabe responder a essas perguntas.

Não podemos esperar nos surpreender toda vez que estivermos fugindo para uma reação habitual. Mas, quando começarmos a nos flagrar com mais frequência e a trabalhar na interrupção dos nossos padrões habituais, saberemos que o treinamento da boditchita está sendo internalizado. Vagarosamente, crescerá nosso desejo de ajudar não só a nós mesmos mas também todos os seres sencientes.

Portanto, em todas as atividades, e não somente algumas vezes, quando as coisas estiverem correndo bem ou particularmente mal, treine com as máximas da boditchita, de Atisha. Mas lembre-se: "Não tente ser o mais rápido", "Abandone qualquer expectativa de resultado" e "Não espere aplauso".

SEIS

AS QUATRO QUALIDADES INCOMENSURÁVEIS

*Que todos os seres sencientes desfrutem da felicidade
e da raiz da felicidade.
Que sejamos livres do sofrimento e da raiz do sofrimento.
Que não sejamos separados da grande felicidade sem sofrimento.
Que vivamos na grande equanimidade, livres da paixão,
da agressão e do preconceito.*
– PRECE DAS QUATRO QUALIDADES INCOMENSURÁVEIS

Depende de nós. Podemos passar a vida cultivando ressentimentos e anseios ou podemos explorar o caminho do guerreiro – alimentando a abertura da mente e a coragem. A maioria vive reforçando seus hábitos negativos e, assim, planta as sementes do próprio sofrimento. As práticas da boditchita, no entanto, são maneiras de plantar as sementes do bem-estar. As práticas de aspiração das quatro qualidades ilimitadas – bondade amorosa, compaixão, alegria e equanimidade – são especialmente poderosas.

Nessas práticas, começamos próximos de casa: exprimimos o desejo de que nós e nossos entes queridos gozemos de felicidade e estejamos livres do sofrimento. Então, aos poucos, ampliamos essa aspiração para incluir um círculo cada vez mais amplo de relacionamentos. Começamos onde estamos, onde sentimos as aspirações como genuínas. Iniciamos por reconhecer onde já sentimos amor, compaixão, alegria e equanimidade. Localizamos nossa sensação atual dessas quatro qualidades sem fronteiras, por mais limitadas que elas possam estar: em nosso amor pela música, em nossa empatia com crianças, na alegria que sentimos ao receber boas notícias ou na equanimidade que sentimos quando estamos entre bons amigos. Mesmo se pensarmos que o que já sentimos é muito pouco, ainda assim devemos começar com o que temos e alimentar seu desenvolvimento. Não é necessário que seja grandioso.

Cultivar essas quatro qualidades nos garante a percepção sobre a nossa experiência atual, nos traz compreensão sobre o estado da mente e do coração no momento presente. Passamos a conhecer a experiência do amor, da compaixão, da alegria e da equanimidade, bem como seus opostos. Aprendemos como é quando alguma dessas quatro qualidades está presa e como nos sentimos quando elas estão fluindo livremente. Nunca fingimos que sentimos algo que não estamos sentindo. A prática depende da inclusão da totalidade da nossa experiência. Ao nos tornarmos íntimos de como nos fechamos, e de como nos abrimos, despertamos nosso potencial ilimitado.

Apesar de começarmos essa prática desejando que nós mesmos e nossos entes queridos estejamos livres do sofrimento, podemos ter a sensação de estar falando algo "da boca para fora". Podemos sentir como falso até mesmo esse desejo compassivo referente aos que nos são mais próximos. Mas, desde que não estejamos nos enganando, esse fingimento tem o poder de revelar a boditchita. Apesar de sabermos exatamente o que sentimos, fazemos as aspirações com o objetivo de ultrapassar o que, no momento, nos parece possível. Após praticar para nós mesmos e para os que nos são próximos, vamos mais longe: enviamos boa vontade às pessoas neutras de nossa vida e também àquelas das quais não gostamos.

Podemos sentir que estamos exagerando e sendo falsos ao dizer: "Que essa pessoa que está me deixando louco desfrute de felicidade e se libere do sofrimento." Provavelmente, o que estamos verdadeiramente sentindo é raiva. Essa prática é como um exercício que força o coração além de suas capacidades atuais. Podemos esperar encontrar resistência. Descobrimos que temos nossos limites: podemos ficar abertos para algumas pessoas, mas permanecemos fechados para outras. Vemos tanto nossa clareza quanto nossa confusão. Estamos aprendendo, em primeira mão, o que qualquer um que tenha trilhado esse caminho já aprendeu: somos todos um paradoxal aglomerado de rico potencial, que consiste tanto em neurose como em sabedoria.

A prática da aspiração é diferente de fazer afirmações. Afirmações são como dizer a si mesmo que você é compassivo e corajoso, para esconder o fato de que, secretamente, você se sente um perdedor. Ao praticar as quatro qualidades ilimitadas, não estamos tentando nos convencer de coisa alguma nem estamos tentando esconder nossos verdadeiros sentimentos. Estamos expressando nossa vontade de abrir o coração e de nos aproximarmos de nossos medos. A prática da aspiração nos ajuda a fazer isso em relacionamentos cada vez mais difíceis.

Se reconhecermos o amor, a compaixão, a alegria e a equanimidade que sentimos agora, e os alimentarmos por meio dessa prática, a expansão dessas qualidades ocorrerá por si só. O despertar das quatro qualidades fornece o calor necessário para que uma força sem limites se manifeste. Elas possuem o poder de afrouxar hábitos inúteis e derreter a rigidez gelada das nossas fixações e defesas. Não estamos nos forçando a ser bons. Quando vemos quão frios e agressivos podemos ser, não estamos pedindo que nos arrependamos. Em lugar disso, a prática da aspiração desenvolve nossa capacidade de permanecer estáveis em nossa experiência, seja ela qual for. Dessa maneira, conseguimos saber a diferença entre uma mente aberta e uma mente fechada, gradualmente desenvolvendo a autoconsciência e a bondade de que necessitamos para poder beneficiar os outros. Essa prática desbloqueia nosso amor e nossa compaixão, nossa alegria e nossa equanimidade, liberando seu ilimitado potencial de expansão.

SETE

BONDADE AMOROSA

A paz entre nações deve se apoiar na sólida base do amor entre os indivíduos.
— MAHATMA GANDHI

Nossas tentativas pessoais de viver humanamente neste mundo nunca são desperdiçadas. A escolha de cultivar o amor em vez da ira pode ser justamente o que é preciso para salvar o planeta da extinção.

O que faz com que nossa boa vontade cresça e nossos preconceitos e ira diminuam? Essa é uma pergunta importante. Diz-se, tradicionalmente, que a raiz da agressão e do sofrimento é a ignorância. Mas o que é que estamos ignorando? Entrincheirados na estreita visão de nossas preocupações pessoais, o que ignoramos é o nosso parentesco com os outros. Uma das razões pelas quais nos treinamos como guerreiros-bodisatvas é reconhecer nossa condição de interconexão – para desenvolver a compreensão de que quando fazemos mal aos outros estamos fazendo mal a nós mesmos. Então treinamos para reconhecer nossa rigidez. Treinamos para ver que os outros não são tão diferentes de nós. Treinamos a abertura do coração e da mente em situações cada vez mais difíceis.

Para um aspirante a bodisatva, a prática essencial é cultivar *maitri*. Nos ensinamentos Shambhala, isso significa "colocar nossa mente do medo no berço da bondade amorosa". Outra imagem para *maitri*, ou bondade amorosa, é a da mãe-pássaro, que protege e cuida dos filhotes até que eles estejam fortes o suficiente para voar. As pessoas às vezes perguntam: "Quem sou eu nesta imagem – a mãe ou os filhotes?" A resposta é que somos ambos: tanto a mãe amorosa quanto aqueles horríveis filhotinhos. A identificação com os filhotes é fácil – cegos, inexperientes e desesperados por atenção. Somos uma pungente mistura de algo que nem é tão bonito, mas é muito amado. Quer essa seja nossa atitude para conosco ou para com os outros, ela é a chave para que aprendamos como amar. Permanecemos conosco e com os outros quando estamos gritando por comida e não temos penas, e também quando estamos mais crescidos e mais atraentes, pelos padrões mundanos.

Ao cultivarmos a bondade amorosa, primeiramente, treinamos para ser honestos, amorosos e compassivos com nós mesmos. Em vez de alimentarmos a autodepreciação, começamos a cultivar uma bondade que vê claramente. Às vezes nos sentimos bons e fortes. Outras vezes nos sentimos inadequados e fracos. Mas, como o amor maternal, *maitri* é incondicional. Independentemente de como nos sentimos, podemos desejar ser felizes. Podemos aprender a agir e a pensar de modo que plantemos sementes para nosso futuro bem-estar, tornando-nos aos poucos mais conscientes daquilo que causa felicidade, bem como do que causa aflição. Sem bondade amorosa com nós mesmos é difícil, se não impossível, senti-la, genuinamente, em relação aos outros.

Passar da agressão à bondade amorosa incondicional parece ser uma tarefa assustadora. Mas começamos com aquilo que nos é familiar. A instrução para cultivar *maitri* ilimitada é, primeiro, encontrar a ternura que já possuímos. Tocamos nossa gratidão ou apreciação – nossa já existente habilidade para sentir benevolência. De maneira muito prática, entramos em contato com o ponto sensível da boditchita. Não vem ao caso se o encontramos na ternura do amor ou na vulnerabilidade da solidão. Se procurarmos aquele ponto sensível, desguarnecido, sempre poderemos encontrá-lo.

Mesmo na dureza da raiva, por exemplo, se olharmos abaixo da superfície da agressão, geralmente encontraremos o medo. Há algo embaixo da solidez da raiva que sentimos como muito ferido e dolorido. Por baixo da atitude defensiva está a qualidade de coração partido, desprotegida, da boditchita. No entanto, em vez de sentirmos essa ternura, nossa tendência é nos fecharmos e nos protegermos do desconforto. O fato de nos fecharmos não é um problema. Na realidade, tomar consciência de quando fazemos isso é uma parte importante do treinamento. O primeiro passo para cultivar a bondade amorosa é perceber quando estivermos levantando barreiras entre nós e os outros. Esse reconhecimento compassivo é essencial. A menos que entendamos – de maneira imparcial – que estamos endurecendo nosso coração, não existe possibilidade de dissolvermos aquela armadura. Sem dissolver a armadura, a bondade amorosa da boditchita é sempre contida. Estamos sempre obstruindo nossa inata capacidade de amar sem expectativas.

Então, treinamos para despertar a bondade amorosa da boditchita em todos os tipos de relacionamentos, tanto nos de coração aberto quanto nos bloqueados. Todos esses relacionamentos se transformam em ferramentas na descoberta da nossa capacidade de sentir e de expressar amor.

A prática formal da bondade amorosa, ou *maitri*, tem sete estágios (ver o Apêndice para uma explicação mais detalhada). Começamos gerando bondade amorosa para conosco e então a expandimos, no nosso próprio ritmo, para incluir nossos entes queridos, os amigos, pessoas "neutras", aqueles que nos irritam, todos os anteriores, como um grupo, e, finalmente, todos os seres através do tempo e do espaço. Gradualmente, ampliamos o círculo da bondade amorosa.

A aspiração tradicional empregada é "Que eu e os outros possamos desfrutar da felicidade e da raiz da felicidade". Ao ensinar isso descobri que as pessoas, às vezes, têm problemas com a palavra *felicidade*. Elas dizem coisas como "O sofrimento me ensinou muito e a felicidade me põe em apuros". Elas não estão certas de que a felicidade é aquilo que elas desejam para si ou para os outros. Isso talvez aconteça porque a nossa noção convencional de felicidade é demasiadamente limitada.

Para chegar ao coração da prática da bondade amorosa talvez tenhamos que colocar a aspiração à felicidade em nossas próprias palavras. Um homem me contou que sua aspiração é que ele e os outros concretizem seu potencial máximo. A aspiração de uma mulher que conheço é que todos aprendamos a falar, pensar e agir de modo que contribua para o bem-estar fundamental. A aspiração de outra pessoa é que todos os seres – inclusive ela própria – comecem a confiar em sua bondade fundamental. É importante que cada um de nós faça sua aspiração tão genuína quanto possível.

Para trabalhar com essa prática é útil considerar, antes de começar, as pessoas ou animais pelos quais já sentimos simpatia. Pode ser um sentimento de gratidão ou reconhecimento ou um sentimento de ternura. Qualquer sentimento genuíno, vindo do coração, servirá. Se ajudar, podemos até mesmo fazer uma lista daqueles que facilmente nos inspiram esses sentimentos.

Tradicionalmente, iniciamos a prática com nós mesmos, mas às vezes as pessoas acham isso muito difícil. Incluir-nos é importante, mas com quem iniciamos não é crítico. O essencial é fazer contato com um sentimento honesto de boa vontade e encorajá-lo a se expandir. Se você consegue facilmente abrir o coração para seu cão ou gato, inicie com ele e depois passe para relacionamentos mais desafiadores. A prática é sobre conectar-se com o ponto sensível de uma maneira que seja real para nós, não sobre fingir um sentimento específico. Simplesmente localize essa capacidade de sentir afeto e a acalente, mesmo se ela oscilar ou refluir.

Antes de iniciar a prática da aspiração, sentamo-nos em silêncio por alguns minutos. Então iniciamos a prática dos sete estágios da bondade amorosa. Dizemos "Possa eu (ou um ente querido) desfrutar da felicidade e da raiz da felicidade" ou colocamos isso em nossas próprias palavras. Podemos, talvez, dizer "Que aprendamos a ser pessoas verdadeiramente amorosas". Ou "Que tenhamos o suficiente para comer e um lugar para dormir, onde estejamos seguros e confortáveis".

Depois de fazer essa aspiração para nós mesmos e para alguém a quem amamos com facilidade, passamos para um amigo. Esse relacionamento deveria ser um pouco mais complicado. Por exemplo, "Gostamos dela, mas talvez também tenhamos ciúmes". Dizemos "Que Jane desfrute da felicidade e da raiz da felicidade". E enviamos bondade amorosa em sua direção. Podemos ficar quanto tempo desejarmos em cada etapa desse processo sem nos criticarmos se eventualmente acharmos que é algo artificial ou inventado.

O quarto estágio é cultivar a bondade amorosa por uma pessoa neutra. Esta seria uma pessoa que encontramos, mas não conhecemos realmente. Não nos sentimos desta ou daquela maneira em relação a essa pessoa. Dizemos: "Que o lojista (o motorista do ônibus, a mulher que mora ao lado, o mendigo na rua) desfrute da felicidade e da raiz da felicidade". Então observamos, sem julgamento, para ver se nosso coração se abre ou se fecha. Praticamos tomar consciência de quando a ternura está contida e de quando ela está fluindo livremente.

Os ensinamentos budistas nos dizem que, ao longo de muitas vidas, todos os seres já foram nossas mães. Em algum momento, todas essas pessoas sacrificaram o próprio conforto em prol de nosso bem-estar, e vice-versa. Apesar de, nos dias de hoje, "mãe" nem sempre ter uma conotação positiva, o ponto é considerar todas as pessoas que encontramos como nossos entes queridos. Notando e valorizando as pessoas na rua, na padaria, nos congestionamentos de tráfego e nos aeroportos, podemos aumentar nossa capacidade de amar. Usamos essas aspirações para enfraquecer as barreiras de indiferença e liberar o coração gentil da bondade amorosa.

O quinto estágio da prática de *maitri* é trabalhar com uma pessoa difícil, alguém que consideramos irritante, uma pessoa da qual, ao vê-la, protegemos nosso coração com uma armadura. Continuamos, como anteriormente, a fazer a aspiração de bondade amorosa. "Que essa pessoa realmente irritante desfrute da felicidade e da raiz da felicidade. Possa esta mulher que detesto despertar a boditchita." Pelo menos no início, é melhor não praticar com nossos relacionamentos mais pesados. Se nos atirarmos diretamente aos traumas de nossa vida, vamos nos sentir subjugados. Então começaremos a temer a prática e a nos afastar dela. Portanto, nesse quinto estágio, trabalhamos com o sentimento de negatividade, mas não do tipo "barra-pesada". Se começarmos primeiro com os relacionamentos menos difíceis, podemos confiar em que nossa capacidade de permanecer abertos às pessoas das quais desgostamos irá se expandir gradualmente.

Os relacionamentos difíceis, por nos desafiarem até os limites de nossa compreensão, são, de muitas maneiras, os mais valiosos para a prática. As pessoas que nos irritam são aquelas que, inevitavelmente, nos arrancam o disfarce. Por intermédio delas poderemos vir a enxergar, com muita clareza, as nossas defesas. Shantideva explicou isso desta maneira: se desejamos praticar a generosidade e aparece um mendigo, isso é uma boa notícia. O mendigo nos proporciona a oportunidade de aprender a doar. Da mesma forma, se queremos praticar a paciência e a bondade amorosa incondicional e nos aparece um inimigo, estamos com sorte. Sem aqueles que nos irritam, nunca teríamos a oportunidade de praticar.

Disseram a Atisha, antes que ele trouxesse as práticas da boditchita da Índia para o Tibete, que todos os tibetanos eram pessoas alegres e bondosas. Ele ficou com medo de, nesse caso, não haver ninguém que o provocasse e lhe mostrasse onde ele tinha necessidade de treinamento. Então ele resolveu levar consigo a pessoa mais difícil de sua vida – seu criado bengalês, que era tão hábil em lhe apontar suas falhas quanto seu guru. A piada é que ele, na realidade, não precisava de seu criado bengalês. Já havia um número suficiente de pessoas irritantes no Tibete.

O sexto estágio da prática é chamado de "completa dissolução das barreiras". Visualizamos a nós mesmos, nossos entes queridos, um amigo, uma pessoa neutra e o nosso atual criado bengalês – todos em pé, na nossa frente. Nesse estágio, tentamos nos conectar com o sentimento de coração gentil para com todos esses indivíduos. Evocamos a mesma bondade amorosa para os entes queridos e para os inimigos de nossa vida, bem como para aqueles que nos são indiferentes. Dizemos "Que cada um de nós, igualmente, desfrute da felicidade e da raiz da felicidade". Ou, novamente, podemos dizer isso com nossas próprias palavras.

O sétimo e último estágio é expandir a bondade amorosa a todos os seres. Expandimos nossa aspiração até onde conseguirmos. Podemos começar com aqueles que estão próximos e, gradualmente, alargar o círculo para incluir a vizinhança, a cidade, a nação e o Universo. "Que os seres no Universo desfrutem da felicidade e de suas causas." Isso equivale a fazer a aspiração de que todo o Universo esteja em paz.

Cada estágio da prática nos dá uma oportunidade a mais para afrouxarmos a rigidez de nosso coração. Está bem escolher um só estágio e trabalhar com ele durante algum tempo. De fato, muitas pessoas treinam no primeiro estágio por uma semana ou mais, aspirando continuamente a que eles próprios gozem da felicidade e de sua causa. Também podemos simplificar esses estágios. Uma forma de praticar a bondade amorosa tem somente estes três estágios: "Que eu desfrute da felicidade e de suas causas. Que você desfrute da felicidade e de suas causas. Que todos os seres, em todos os lugares, sejam felizes."

Ao término da prática da bondade amorosa, abandonamos todas as palavras, todos os desejos e, simplesmente, retornamos à simplicidade não conceitual da meditação sentada.

O ponto principal dessa prática é descobrir a capacidade de amar sem preconceito. Fazer as aspirações é como regar a semente da boa vontade, para que ela possa começar a crescer. Enquanto fazemos isso, passamos a conhecer nossas barreiras – insensibilidade, inadequação, ceticismo, ressentimento, justa indignação, orgulho e todas as outras. Conforme continuamos com essa prática, fazemos amizade com nossos medos, nossa avidez e nossa aversão. Um coração incondicionalmente bondoso, para com os outros, não é nem mesmo uma possibilidade a não ser que reconheçamos nossos próprios demônios. Por esse motivo, tudo que encontramos se torna uma oportunidade para praticarmos a bondade amorosa.

OITO

COMPAIXÃO

Em outras tradições, os demônios são expulsos externamente.
Mas, em minha tradição, os demônios são aceitos com compaixão.
– MACHIG LABDRÖN

Assim como alimentar nossa capacidade de amar é uma maneira de despertar a boditchita, alimentar a nossa capacidade de sentir compaixão também é. Emocionalmente, no entanto, a compaixão é mais desafiadora do que a bondade amorosa porque ela implica disposição de sentir dor. Ela, sem dúvida, exige um treinamento de guerreiro.

Para despertar a compaixão, Patrul Rinpoche, um iogue do século XIX, sugeriu imaginar seres em tormento – animais a ponto de serem abatidos ou uma pessoa à espera de ser executada. Para tornar o sentimento mais presente, ele recomendava que nos colocássemos mentalmente no lugar deles. Especialmente dolorosa é sua imagem de uma mãe aleijada, sem os braços, observando enquanto um rio enfurecido arrasta seu filho para longe. Entrar completa e diretamente em contato com o sofrimento de outros seres é tão doloroso quanto estar na pele daquela mulher. Para a maioria de nós é assustador até mesmo considerar tal hipótese. Ao praticarmos gerar a compaixão, podemos esperar sentir o nosso medo da dor. A prática da compaixão é ousada. Ela envolve aprender a relaxar e a permitir nos movermos, gentilmente, em direção àquilo que nos assusta. O truque para fazer isso é permanecer na nossa angústia emocional sem nos contrairmos na aversão, e permitir que o medo nos abrande em vez de nos endurecer em resistência.

Pode ser difícil até mesmo pensar em seres atormentados, quanto mais agir por eles. Reconhecendo isso, iniciamos com uma prática razoavelmente fácil. Cultivamos a coragem por meio de aspirações. Desejamos que todos os seres, inclusive aqueles dos quais não gostamos, estejam livres do sofrimento e da raiz do sofrimento.

Empregamos a mesma prática de aspiração com sete etapas para suavizar nosso coração e, também, para nos tornarmos mais honestos e clementes sobre quando e como nos fechamos. Sem nos condenar ou justificar, executamos o corajoso trabalho de nos abrirmos ao sofrimento. Esse sofrimento pode ser a dor que aparece quando erigimos as barreiras ou a dor de abrir o coração à nossa própria tristeza ou à tristeza de outro ser. Aprendemos isso a partir tanto de nossos fracassos quanto de nossos sucessos. Ao cultivarmos a compaixão, usamos a totalidade de nossa experiência – nosso sofrimento, nossa empatia, assim como nossa crueldade e nosso terror. Tem que ser assim. A compaixão não é um relacionamento entre aquele que cura e o ferido. É um relacionamento entre iguais. Somente quando conhecemos bem a nossa própria escuridão podemos estar presentes nas trevas dos outros. A compaixão se torna real quando reconhecemos a humanidade que compartilhamos.

Da mesma forma que na prática da bondade amorosa, iniciamos a prática da compaixão onde estamos e, depois, expandimos nossa capacidade. Começamos por localizar nossa capacidade atual de sermos verdadeiramente tocados pelo sofrimento. Fazemos uma lista daqueles que evocam em nós um sentimento de compaixão. Podemos incluir nosso neto, nosso irmão, um amigo que tem medo de morrer e seres que vemos no noticiário ou sobre os quais lemos em um livro. O ponto é, simplesmente, entrar em contato com a compaixão genuína, onde quer que a possamos encontrar.

Para iniciar a prática formal da compaixão, começamos, como antes, com um período de meditação silenciosa. Então, iniciamos as sete aspirações. Começando conosco, fazemos a aspiração tradicional: "Que eu esteja livre do sofrimento e da raiz do sofrimento." Para sentirmos o processo como genuíno, podemos expressar isso com nossas próprias palavras. É importante que a aspiração não seja sentida como sentimental ou inventada.

Thich Nhat Hanh sugere as alternativas: "Que eu esteja seguro e livre de acidentes. Que eu esteja livre da ira, (...) do medo e das preocupações. Que eu não caia em um estado de indiferença ou seja uma presa dos extremos do apego e da aversão. Que eu não seja vítima de autoilusão."

Após cultivar a compaixão para conosco, prosseguimos com alguém da nossa lista: "Que os animais de laboratório estejam livres do sofrimento. Que meu sobrinho adolescente possa se livrar da dependência de heroína. Que meu avô, na casa de repouso, não esteja tão só e amedrontado." O ponto não é nos sobrecarregarmos, mas simplesmente entrarmos em contato com a compaixão genuína.

O terceiro passo é visualizar um amigo ou amiga e cultivar a intenção de que ele ou ela não tenha que sofrer. Pode ser a aspiração formal de que nosso amigo esteja livre do sofrimento e da raiz do sofrimento, ou pode ser algo mais específico: "Que Jack pare de guardar rancor contra seu irmão. Que Maria esteja livre de sua impiedosa dor física." Então, aumentamos o desafio, passando para as pessoas neutras e para aquelas das quais não gostamos.

As pessoas neutras da quarta etapa apresentam um desafio interessante. Muitos de nós chegam a esse ponto da prática e ficam entorpecidos. Verbalizamos a aspiração, mas não conseguimos nos conectar com pessoas que não conhecemos. Podemos ficar chocados ao descobrir quão indiferentes, ou mesmo amedrontados, somos em relação a tantas pessoas. Especialmente se vivemos em uma cidade, há milhares de pessoas que ignoramos todos os dias. Por essa razão, acredito ser especialmente importante fazer aspirações para os assim chamados neutros. Quando olhamos para uma pessoa na rua e desejamos que ela esteja livre do sofrimento, esse alguém começa a ganhar foco. Podemos efetivamente sentir as barreiras desabarem. Ao fazermos essa aspiração compassiva, começamos a nos libertar da prisão do isolamento e da indiferença.

No quinto estágio, quando geramos compaixão para com as pessoas difíceis de nossa vida, conseguimos ver, ainda com maior clareza, nossos preconceitos e aversões. Podemos sentir que nutrir um desejo compassivo por essas pessoas irritantes e briguentas é totalmente absurdo. Desejar que aqueles dos quais desgostamos e dos quais temos medo não sofram pode parecer um salto grande demais. Esse é um bom momento para lembrar que, quando endurecemos nosso coração com qualquer pessoa, estamos machucando a nós mesmos. Os hábitos do medo, da raiva, da autopiedade – todos são reforçados e se tornam mais poderosos se continuarmos a ceder a eles. A coisa mais compassiva que podemos fazer é interromper esses hábitos. Em vez de sempre nos retrairmos e erigirmos muralhas podemos realizar algo imprevisível e fazer uma aspiração compassiva. Podemos visualizar o rosto dessa pessoa difícil e dizer seu nome, se isso nos ajudar. Depois dizemos as palavras: "Que essa pessoa que me irrita esteja liberta do sofrimento e da raiz do sofrimento." Ao fazer isso, começamos a dissolver nosso medo. Fazemos esse gesto de compaixão para desbloquear nossa capacidade de ouvir os lamentos do mundo.

No sexto estágio fazemos uma aspiração compassiva para nós mesmos, nosso ente querido, o neutro e o difícil, todos juntos. Essa é a maneira como treinamos para tornar mais leves as opiniões e os preconceitos que nos mantêm afastados uns dos outros. Fazemos a aspiração de que todos nós possamos estar igualmente livres do sofrimento e de suas causas. Então ampliamos nosso desejo ainda mais e mais, desejando que todos os seres, sem exceção, estejam livres do sofrimento e da raiz do sofrimento – desejando que todos os seres não sejam mais presa de seus preconceitos.

Como resultado da prática da compaixão, começaremos a adquirir uma compreensão mais profunda das raízes do sofrimento. Desejamos não somente que as manifestações exteriores de sofrimento diminuam, mas também que todos nós possamos parar de agir e de pensar de maneiras que causem o aumento da ignorância e da confusão. Aspiramos a estar livres da fixação e da teimosia. Desejamos dissolver o mito de que somos separados.

Diz-se que todos os seres estão predispostos a despertar e a estender a mão aos outros, e que essa inclinação natural pode ser alimentada. É isso que estamos levando a efeito ao fazermos as aspirações. Se não cultivarmos essas inclinações, entretanto, elas diminuirão. A boditchita é como um fermento que nunca perde sua potência. Em qualquer momento que adicionarmos umidade e o calor da compaixão, ele, automaticamente, se expandirá. No entanto, se o conservarmos no congelador, nada acontece.

Eu acho especialmente útil levar as aspirações compassivas ao supermercado. Gosto de fazer essa prática justamente no meio desse mundo paradoxal e imprevisível. Dessa forma, eu trabalho minha intenção, mas também começo a agir. Em termos tradicionais, isso é cultivar os níveis tanto de aspiração quanto de ação da boditchita. Algumas vezes essa é a única maneira de fazer essa prática parecer relevante para o sofrimento que continuamente testemunhamos.

Esperando na fila do caixa, eu poderia notar o adolescente desafiador na minha frente e fazer a aspiração: "Que ele esteja livre do sofrimento e de suas causas." No elevador, com uma estranha, eu poderia notar seus sapatos, suas mãos, a expressão de seu rosto. Eu contemplo o fato de que, exatamente como eu, ela não deseja que haja estresse em sua vida. Justamente como eu, ela tem preocupações. Por meio de nossas esperanças e nossos medos, nossos prazeres e dores, estamos profundamente interligadas. Faço esse tipo de coisa em todos os tipos de situação – à mesa do café, na sala de meditação, no consultório do dentista.

Quando pratico as aspirações bem no meio da experiência, não me sinto mais separada dos outros. Quando leio uma notícia de que alguém que não conheço sofreu um acidente de carro, tento não passar diretamente para o próximo artigo. Eu gero compaixão pela pessoa e por sua família, como se ela fosse minha melhor amiga. Ainda mais desafiador é fazer essas aspirações para alguém que tenha sido violento com os outros.

A prática de aspiração das quatro qualidades é um treinamento em não nos retrairmos, em enxergarmos nossos vieses, mas não alimentá-los. Aos poucos, aprenderemos o jeito de ir além do nosso medo de sentir dor. É isso que é necessário para se envolver com as tristezas do mundo, para estender amor e compaixão, alegria e equanimidade a todos – sem exceções.

Uma vez, uma professora me disse que, se eu quisesse felicidade duradoura, a única maneira de consegui-la era sair de meu casulo. Quando lhe perguntei como trazer felicidade aos outros, ela disse: "Mesma instrução." Essa é a razão pela qual pratico essas aspirações: a melhor maneira de servir a nós mesmos é amar e cuidar dos outros. Essas são ferramentas poderosas para dissolver as barreiras que perpetuam não somente nossa própria infelicidade, mas o sofrimento de todos os seres.

NOVE

TONGLEN

Na alegria e na tristeza, todos são iguais.
Seja, portanto, guardião de todos, como de si mesmo.

– SHANTIDEVA

Tonglen, ou trocar de lugar com o outro, é outra prática da boditchita para ativar a bondade amorosa e a compaixão. Em tibetano, a palavra *tonglen* significa "enviar e tomar". Ela se refere a estar disposto a tomar a dor e o sofrimento, nossos e dos outros, e enviar felicidade a todos nós. Os ensinamentos da boditchita que Atisha trouxe para o Tibete incluíam a prática de *tonglen*.

Apesar de existirem muitas maneiras de abordar *tonglen*, a essência da prática é sempre a mesma. Inspiramos o que é doloroso e indesejável, com o sincero desejo de que nós e os outros estejamos livres do sofrimento. Ao fazermos isso, deixamos de lado a história que acompanha a dor e sentimos a energia subjacente. Abrimos completamente o coração e a mente para o que quer que surja. Ao expirarmos, enviamos nosso alívio da dor, com a intenção de que nós e os outros sejamos felizes.

Quando estamos dispostos a ficar, mesmo que por um momento, com a energia desconfortável, aos poucos aprendemos a não temê-la. Então, quando vemos alguém angustiado, não relutamos em inspirar o seu sofrimento e enviar-lhe alívio.

A prática formal de *tonglen* possui quatro estágios. O primeiro deles é um breve momento de quietude ou abertura – um momento da boditchita incondicional. O segundo estágio é visualizar e trabalhar com a textura, com a energia crua da claustrofobia e da sensação de espaço. O terceiro é a essência da prática: inspirar o que quer que seja indesejável e expirar uma sensação de alívio. No quarto estágio ampliamos nossa compaixão ainda mais pela inclusão daqueles que estão experimentando os mesmos sentimentos. Se quisermos, podemos combinar o terceiro e o quarto estágios, inspirando e expirando por nós e pelos outros ao mesmo tempo.

Portanto, o primeiro estágio de *tonglen* é um momento de mente aberta, ou boditchita incondicional. Apesar de esse estágio ser crucial, é difícil descrevê-lo. Ele se relaciona com o ensinamento budista de *shunyata* – frequentemente traduzido como "vacuidade" ou "abertura". Ao experimentar a *shunyata* no nível emocional, poderíamos ter a sensação de sermos suficientemente grandes para acomodar tudo, de que não há local onde as coisas possam se prender. Se relaxarmos a mente e pararmos de lutar, as emoções podem se mover através de nós sem se consolidarem e sem proliferarem.

Basicamente, experimentar a abertura é confiar na qualidade viva da energia fundamental. Desenvolvemos a confiança para permitir que ela surja, permaneça um momento e, então, se vá. Essa energia é dinâmica, não capturável e permanece em um estado de fluxo. Portanto, nosso treinamento é, primeiro, notar como bloqueamos essa energia, ou a congelamos, como tensionamos o corpo e a mente. Depois treinamos suavizar, relaxar e nos abrir para a energia, sem interpretações ou julgamentos.

O primeiro brilho de abertura nos lembra que sempre podemos abandonar nossas ideias fixas e nos conectar com algo aberto, fresco e imparcial. Então, durante os estágios seguintes, quando começamos a inspirar a energia da claustrofobia e os sentimentos indesejáveis, nós os inspiramos para dentro desse espaço enorme, tão vasto quanto o claro céu azul. Depois enviamos o que pudermos para auxiliar todos nós a experimentar a liberdade de uma mente aberta e flexível. Quanto mais tempo praticarmos, mais acessível ficará esse espaço incondicional. Mais cedo ou mais tarde perceberemos que já estamos despertos.

Muitos não têm a mínima ideia de qual é a sensação de um lampejo de abertura. A primeira vez que o percebi, ele foi simples e direto. Na sala onde eu estava meditando, um grande ventilador girava, fazendo barulho. Após algum tempo eu não percebia mais o som, por ele ser tão constante. Mas então, subitamente, o ventilador parou e houve uma brecha, um silêncio totalmente aberto. Essa foi a minha apresentação a *shunyata*!

Para provocar a abertura, algumas pessoas visualizam um vasto oceano ou um céu sem nuvens – qualquer imagem que evoque uma capacidade ilimitada de expansão. No início da prática em grupo um gongo é tocado. Ouvir seu som basta para nos lembrar da mente aberta. O lampejo é relativamente curto, não dura mais que o tempo necessário para o gongo parar de ressoar. Não podemos nos agarrar a essa experiência. Somente a tocamos, por um instante, e então prosseguimos.

No segundo estágio de *tonglen* começamos a inspirar as qualidades da claustrofobia: grossa, pesada e quente. Podemos visualizar a claustrofobia como poeira de carvão ou como uma névoa marrom-amarelada. Então exalamos as qualidades do espaço: fino, leve e fresco. Podemos visualizá-lo como um luar brilhante, como reflexos do sol na água ou como as cores do arco-íris.

Qualquer que seja a maneira de visualizar essas texturas, imaginamos respirá-las, inspirando-as e expirando-as, por todos os poros de nosso corpo e não somente pela boca e pelo nariz. Fazemos isso até sentirmos que há um sincronismo com nossa respiração, até que estejamos certos sobre o que estamos trazendo para dentro e o que estamos enviando para fora. Pode-se respirar um pouco mais fundo do que o normal, mas é importante dedicar o mesmo tempo à inspiração e à exalação.

Podemos descobrir, no entanto, que damos preferência à inspiração ou à expiração em vez de mantê-las equilibradas. Por exemplo, podemos não querer interromper o frescor e o brilho da expiração substituindo-a pela inspiração daquilo que é grosso, pesado e quente. Como resultado, talvez nossa expiração seja longa e generosa, em contraste com a inspiração curta e parcimoniosa. Ou podemos não ter problema para nos conectarmos com a claustrofobia, na inspiração, mas sentimos que não temos muito que enviar para fora. Nossa expiração, então, pode ficar quase que inexistente. Se nos sentirmos empobrecidos dessa maneira, podemos lembrar que o que estamos enviando não é algo que possuímos. Estamos simplesmente nos abrindo para o espaço que está sempre aqui, e o compartilhamos.

No terceiro estágio começamos a fazer a troca para uma pessoa específica. Inspiramos a dor dessa pessoa e lhe enviamos alívio. Tradicionalmente, a instrução é que comecemos *tonglen* com aquelas pessoas que espontaneamente despertam nossa compaixão, tais como as que colocamos na nossa lista. Ao inspirarmos, visualizamos nosso coração se abrindo completamente para aceitar a dor. Ao expirarmos, enviamos coragem e abertura. Não nos agarramos a isso, pensando: "Finalmente, tenho um pouco de alívio em minha vida; quero mantê-lo para sempre!" Em vez disso, nós o compartilhamos. Quando praticamos dessa maneira, inspirar torna-se abertura e aceitação do que é indesejável; expirar torna-se soltar e abrir ainda mais. Ao inspirar e expirar, estamos revertendo antigos hábitos de nos fecharmos para a dor e de nos agarrarmos a qualquer coisa que traga conforto.

Há quem encoraje pacientes em tratamento de aids a fazerem *tonglen* para outros portadores da doença. Isso é considerado um cuidado paliativo, pois os conecta, de maneira muito real, com todos que se encontram na mesma situação e ajuda a aliviar a vergonha, o medo e o isolamento. Funcionários de hospital fazem *tonglen* para criar uma atmosfera de claridade, de modo que as pessoas ao seu redor possam encontrar coragem e inspiração e ficar livres do medo.

Fazer *tonglen* para outra pessoa areja nosso tão limitado ponto de referência, o fechamento da mente, que é a causa de tanta dor. Treinar para afrouxar nosso forte apego ao "eu" e para nos importarmos com os outros é o que nos conecta ao ponto sensível da boditchita. É por isso que fazemos *tonglen*. Fazemos a prática sempre que houver sofrimento – quer ele seja nosso ou de outros. Após algum tempo torna-se impossível saber se estamos praticando em nosso próprio benefício ou em benefício de outros. Essas diferenciações começam a se esvair.

Por exemplo, talvez estejamos praticando *tonglen* porque desejamos ajudar nossa mãe doente. Mas, de algum modo, nossas próprias emoções reativas – culpa, medo ou raiva contida – surgem e parecem bloquear uma troca genuína. Nesse ponto, podemos desviar nosso foco e começar a inspirar nossos sentimentos conflitantes, usando nossa dor pessoal como uma ligação com outras pessoas que se sentem fechadas e atemorizadas. Abrir o coração para as emoções aprisionadas tem o poder de limpar o ar e, também, de beneficiar nossa mãe.

Algumas vezes, podemos não saber o que enviar com a expiração. Podemos enviar algo genérico, como espaço e alívio, ou bondade amorosa, ou podemos enviar algo específico e concreto, como um buquê de flores. Uma mulher, por exemplo, estava praticando *tonglen* para seu pai esquizofrênico e não tinha dificuldade para inspirar com o desejo que ele estivesse livre de sofrimento. Mas ela ficava travada na expiração, porque não tinha a menor noção do que enviar para ele que pudesse ajudar. Finalmente, ela teve a ideia de enviar-lhe uma boa xícara de café, um dos prazeres preferidos de seu pai. O ponto é usar qualquer coisa que funcione.

A prática é sobre a abertura para o que quer que apareça, mas é importante não sermos exageradamente ambiciosos. Aspiramos a manter o coração aberto no momento presente, mas sabemos que isso nem sempre será possível. Podemos confiar simplesmente em que se fizermos *tonglen* da melhor maneira que pudermos nesse momento, nossa capacidade para sentir compaixão aos poucos se expandirá.

Quando estamos praticando *tonglen* para um indivíduo específico, incluímos sempre um quarto estágio, que é estender a compaixão a todos que estejam com a mesma dificuldade. Por exemplo, se estivermos fazendo *tonglen* para nossa irmã que perdeu o marido, podemos inspirar o sofrimento de outras pessoas que padecem pela perda de entes queridos e enviar alívio a todas elas. Se estamos praticando por uma criança vítima de abuso, podemos inspirar e expirar para todas as crianças amedrontadas e desprotegidas e expandir isso ainda mais, para todos os seres que estão vivendo aterrorizados. Se estivermos fazendo *tonglen* com nossa própria dor, sempre nos lembraremos dos que estão com uma angústia similar e os incluiremos ao inspirar e expirar. Em outras palavras, começamos com alguma coisa específica e genuína e, então, ampliamos o círculo o mais que pudermos.

Eu recomendo usar *tonglen* como uma prática de aplicação imediata. Podemos sentir que fazer *tonglen* no dia a dia é mais natural do que fazê-lo na almofada de meditação. Uma das razões é que nunca vai nos faltar assunto. Quando aparece um forte sentimento indesejável ou vemos alguém sofrendo, não existe nada teórico a respeito do que iremos usar na nossa prática. Não há quatro estágios a lembrar ou uma luta para sincronizar as texturas com o nosso respirar. Lá mesmo, quando é muito real e imediato, nós inspiramos e expiramos com a dor. A prática no dia a dia nunca é abstrata. Logo que surgem emoções desconfortáveis, treinamos para inspirá-las e para soltar a história. Ao mesmo tempo, estendemos nossos pensamentos e interesses a outras pessoas que sentem o mesmo desconforto e inspiramos com o desejo de que todos nós possamos estar livres dessa espécie específica de confusão. Então, ao expirarmos, enviamos a nós e aos outros qualquer tipo de alívio que acreditamos ser capaz de ajudar. Também praticamos dessa maneira quando encontramos animais e pessoas que estejam sofrendo. Podemos tentar fazer isso sempre que ocorram situações e sentimentos difíceis e, com o tempo, isso se tornará mais automático.

Também ajuda notar, em nossa vida diária, qualquer coisa que nos traga felicidade. Assim que a percebermos, podemos pensar em compartilhá-la com os outros, cultivando ainda mais a atitude *tonglen*.

Como guerreiros-bodisatvas, quanto mais treinamos o cultivo dessa atitude, mais descobrimos nossa capacidade para a alegria e a equanimidade. Por nossa coragem e nossa disposição de trabalhar com a prática, estamos mais habilitados a experimentar a nossa bondade fundamental e a dos outros. Estamos mais capacitados a reconhecer o potencial de todos os tipos de pessoas: aquelas que consideramos agradáveis, as que consideramos desagradáveis e aquelas que nem mesmo conhecemos. Desse modo, *tonglen* começa a arejar nossos preconceitos e a nos apresentar um mundo mais sensível e de mente aberta.

Trungpa Rinpoche costumava dizer, no entanto, que não há garantias ao praticarmos *tonglen*. Temos que responder às nossas próprias perguntas. *Tonglen* realmente alivia o sofrimento? Além de nos ajudar, beneficia os outros? Se uma pessoa do outro lado do mundo estiver sofrendo, ajudará se alguém se importar? *Tonglen* não é tão metafísico. É simples e muito humano. Podemos praticá-lo e descobrir por nós mesmos o que acontece.

DEZ

Encontrando a capacidade de alegrar-se

Permita que a flor da compaixão floresça no rico solo de maitri *e regue-a com a boa água da equanimidade, na sombra refrescante da alegria.*

– LONGCHENPA

Ao treinarmos as práticas da boditchita, sentimos cada vez mais alegria, o júbilo que vem de um crescente reconhecimento de nossa bondade fundamental. Ainda sentimos fortes e conflitantes emoções e ainda experimentamos a ilusão da separação, mas ocorre uma abertura fundamental, na qual começamos a confiar. Essa confiança em nossa recém-descoberta natureza sem preconceitos nos traz uma alegria ilimitada – uma felicidade que é completamente livre de apego e ganância. Essa é a alegria da felicidade sem ressaca.

Como cultivamos as condições para a expansão da alegria? Treinamos permanecer presentes. Na meditação sentada, treinamos a atenção plena e *maitri*: estarmos firmes em nosso corpo, nossas emoções e nossos pensamentos. Ficamos com nosso pequeno pedaço de terra e confiamos em que ele possa ser cultivado, que o cultivo o levará ao seu pleno potencial. Mesmo ele estando cheio de pedras e o solo estando seco, começamos a arar o terreno com paciência. Deixamos que o processo evolua naturalmente.

No início, a alegria é somente uma sensação de que nossa situação é trabalhável. Paramos de procurar um lugar melhor para estarmos. Já descobrimos que a busca contínua de algo melhor não funciona. Isso não significa que, de repente, crescem flores onde antes havia somente pedras. Significa estarmos confiantes em que algo crescerá aqui.

Ao cultivarmos nosso jardim, as condições se tornam mais propícias ao crescimento da boditchita. A alegria vem de não desistirmos de nós mesmos, de atentamente permanecermos conosco e começarmos a experimentar nosso grande espírito guerreiro. Também fornecemos as condições para a expansão da alegria ao nos treinarmos nas práticas do coração e, especialmente, no regozijo e na apreciação. Do mesmo modo que, para as outras qualidades incomensuráveis, podemos fazer isso como uma prática de aspiração em sete estágios.

Uma aspiração tradicional para despertar reconhecimento e alegria é: "Que eu e os outros nunca estejamos separados da grande felicidade que é livre de sofrimento." Isso significa permanecer sempre na natureza completamente aberta e imparcial de nossa mente – nos conectarmos com a força interior da bondade fundamental. Para fazer isso, no entanto, começamos com exemplos condicionados de boa sorte, tais como saúde, inteligência básica e um ambiente favorável – as condições afortunadas que constituem um precioso nascimento humano. Para o guerreiro que desperta, a maior vantagem é nos encontrarmos em uma época em que é possível ouvir e praticar os ensinamentos da boditchita. Seremos duplamente abençoados se contarmos com um amigo espiritual – um guerreiro mais avançado – que nos guie.

Podemos praticar o primeiro estágio da aspiração aprendendo a nos regozijar com nossa própria boa fortuna. Podemos treinar nos rejubilarmos mesmo com as menores dádivas de nossa vida.

É fácil não perceber nossa boa sorte; a felicidade costuma chegar tão de mansinho que nem mesmo a notamos. É como um desenho que vi de um homem, parecendo surpreso, que perguntava: "O que foi aquilo?" A legenda, abaixo, dizia: "Bob está experimentando um momento de bem-estar." O caráter de normalidade da nossa boa sorte pode fazer com que ela seja difícil de notar.

A chave é estar aqui, totalmente conectado ao momento, prestando atenção nos detalhes da vida normal. Ao cuidarmos das coisas normais – nossos potes e panelas, nossas roupas, nossos dentes –, nós nos deleitamos com elas. Quando lavamos um legume, ou penteamos o cabelo, estamos expressando apreciação: amizade para conosco e para com a qualidade viva que se encontra em tudo. Essa combinação de atenção plena e apreciação nos conecta totalmente com a realidade e nos traz alegria. Ao estendermos atenção e apreciação ao nosso ambiente e às outras pessoas, nossa experiência da alegria fica ainda maior.

Na tradição Zen, os alunos são ensinados a fazer reverência para outras pessoas, bem como para objetos comuns, como uma maneira de expressar seu respeito; são ensinados a zelar igualmente por vassouras, vasos sanitários e plantas, para demonstrar sua gratidão para com eles. Observar numa manhã Trungpa Rinpoche arrumando a mesa para o café era como ver alguém fazendo um arranjo de flores ou criando um cenário em um palco. Ele teve tanto cuidado e deleite ao arrumar cada detalhe – o jogo americano e os guardanapos, os garfos, facas e colheres, os pratos e xícaras. Demorou várias horas para completar a tarefa! Desde então, mesmo que eu tenha somente alguns minutos, aprecio o ritual de pôr a mesa como uma oportunidade de estar presente e me regozijar.

Deleitar-se com coisas comuns não é sentimental nem banal. Na realidade, exige coragem. Cada vez que abandonamos nossas queixas e permitimos que a boa sorte do dia a dia nos inspire, entramos no mundo do guerreiro. Podemos fazê-lo mesmo nos momentos mais difíceis. Tudo o que vemos, ouvimos, provamos e cheiramos tem o poder de nos fazer mais fortes e de nos animar. Como disse Longchenpa, a qualidade da alegria é como encontrar uma sombra refrescante.

O segundo estágio de aprender a alegrar-se é pensar em uma pessoa à qual queremos bem e apreciar sua boa sorte. Podemos imaginar o rosto do ente querido ou dizer o seu nome, se isso tornar a prática mais real. Então, em nossas próprias palavras, nos rejubilamos – que a pessoa adoentada agora esteja se sentindo saudável e alegre, que uma criança solitária tenha encontrado um amigo. Somos encorajados a tentar manter isso simples. O ponto é encontrar nossa capacidade natural e espontânea de nos alegrarmos por outro ser, quer o sentimento seja inabalável ou passageiro.

Nos próximos três estágios, ao praticarmos com pessoas menos queridas, nossa capacidade de apreciar e nos alegrar com sua boa fortuna é frequentemente bloqueada pela inveja ou outras emoções. Esse é um ponto importante para o bodisatva em treinamento. A prática é reconhecer nosso coração sensível e alimentá-lo. Mas também é olhar de perto as raízes do sofrimento – ver como fechamos nosso coração com emoções tais como o ciúme. Eu acho a prática do júbilo uma ferramenta especialmente poderosa para fazer isso.

O que acontece quando fazemos o gesto de nos regozijarmos com a boa fortuna de nosso vizinho? Poderíamos dizer "Alegro-me que o Henry tenha ganhado na loteria", mas o que está acontecendo em nosso coração e em nossa mente? Quando dizemos "Alegro-me que Tânia tenha um namorado", como realmente nos sentimos? A aspiração de sentir contentamento pelo êxito ou bem-estar do outro pode nos parecer fraca quando comparada com nosso ressentimento, nossa inveja ou nossa autopiedade. Sabemos como é fácil permitir que as emoções nos fisguem e nos fechem. Seria sábio questionarmos o porquê de guardarmos rancor, como se isso fosse nos fazer felizes e diminuir nossa dor. É parecido com ingerir veneno de rato acreditando que o rato morrerá. Nosso desejo de alívio e os métodos que empregamos para consegui-lo definitivamente não estão sincronizados.

Sempre que somos fisgados, é útil lembrar os ensinamentos – lembrar que o sofrimento é o resultado de uma mente agressiva. Mesmo a menor irritação nos causa dor quando cedemos a ela. Esse é o momento de perguntar: "Por que estou fazendo isso comigo de novo?" Contemplar as causas do sofrimento no momento exato nos fortalece. Começamos a reconhecer que possuímos o necessário para cortar nosso hábito de ingerir veneno. Mesmo que leve o resto da vida, ainda assim podemos fazê-lo.

Quando trabalhamos com pessoas neutras, o que acontece com nosso coração? Falamos durante nossa prática, ou na rua, "Eu me alegro por aquele homem sentado confortavelmente ao sol", "Eu estou contente pelo cão que foi adotado no canil". Dizemos as palavras e o que acontece? Quando vemos os outros com apreciação, as barreiras se erguem ou caem?

As pessoas difíceis são, normalmente, os melhores professores. Aspirar a alegrar-se com sua boa fortuna é uma boa oportunidade de investigar nossas reações e estratégias. Como reagimos à sua boa sorte, boa saúde, boas notícias? Com inveja? Com raiva? Com medo? Qual é a nossa estratégia para nos afastarmos daquilo que sentimos? Vingança, autodepreciação? Que histórias contamos a nós mesmos? ("Ela é uma esnobe." "Eu sou um fracasso.") Essas reações, estratégias e enredos são os materiais dos quais são construídos os casulos e os muros das prisões.

Então, no mesmo momento, podemos ir além das palavras, até a experiência não verbal da emoção. O que está acontecendo em nosso coração, nossos ombros, nossas entranhas? Permanecer com a sensação física é radicalmente diferente de seguir a história. Exige apreciação deste exato momento. É uma maneira de relaxar, uma maneira de nos treinarmos a suavizar em vez de endurecer. Permite que o fundamento da alegria ilimitada – a bondade fundamental – passe a brilhar.

Podemos agora alegrar-nos por nós mesmos, nosso ente querido, amigo, o neutro e o difícil, todos juntos? Podemos nos alegrar por todos os seres, através do tempo e do espaço?

"Conserve sempre uma mente alegre" é um dos lemas de treinamento da mente. Isso poderia soar como uma aspiração impossível. Como um homem uma vez me disse: "Sempre é um tempo muito longo." No entanto, ao treinarmos para desbloquear nossa bondade fundamental, iremos descobrir que cada momento contém o livre fluxo da abertura e do calor que caracterizam a alegria ilimitada.

Esse é o caminho que trilhamos ao cultivar a alegria: aprendemos a não vestir nossa bondade fundamental com uma armadura, aprendemos a apreciar aquilo que possuímos. A maior parte do tempo, não fazemos isso. Em vez de reconhecer onde estamos, lutamos continuamente e alimentamos nossa insatisfação. É como tentar fazer crescer as flores jogando cimento no jardim.

Mas, ao utilizarmos as práticas da boditchita para nos treinar, poderemos chegar ao ponto em que veremos a magia do momento presente, poderemos gradualmente despertar para a verdade de que sempre fomos guerreiros, vivendo em um mundo sagrado. Essa é a experiência contínua da alegria ilimitada. Nem sempre iremos experimentá-la, isso é bem verdade. Mas ano a ano ela se tornará cada vez mais acessível.

Certa vez uma cozinheira, em Gampo Abbey, estava se sentindo muito infeliz. Como muitos de nós, ela alimentava sua melancolia com suas ações e seus pensamentos. Hora a hora seu humor ficava mais pesado. Ela decidiu tentar arejar suas emoções, que cresciam, fazendo biscoitos de chocolate. No entanto, seu plano saiu pela culatra – ela os queimou todos. Nesse ponto, em vez de jogar os biscoitos queimados no lixo, ela os colocou no bolso e saiu para um passeio. Ela andou pela estrada de terra, com a cabeça baixa e a mente queimando de ressentimento. Ela dizia a si mesma: "E então, onde estão toda a beleza e a mágica das quais sempre ouço falar?"

Naquele momento ela levantou o olhar. Lá, andando em sua direção, vinha uma pequena raposa. Sua mente parou, ela prendeu a respiração e observou. A raposa sentou-se bem na frente dela, olhando-a com expectativa. Ela enfiou a mão no bolso e tirou alguns biscoitos. A raposa os comeu e, devagar, foi embora. Ela contou essa história para todos, na abadia, dizendo: "Hoje eu aprendi que a vida é muito preciosa. Mesmo quando estamos determinados a bloquear a mágica, ela atravessará e nos despertará. Aquela pequena raposa me ensinou que não importa quão fechados estamos, sempre podemos olhar para fora de nosso casulo e nos conectar com a alegria."

ONZE

Aprimorando o treinamento da alegria

Para tornar as coisas mais simples, podemos resumir as quatro qualidades incomensuráveis em uma única frase: "Um coração terno." Treine-se somente para ter sempre um coração terno, em todas as situações.
– PATRUL RINPOCHE

Como tornamos reais os ensinamentos? Em meio a nossa vida superatribulada, como descobrimos nossa inerente clareza e compaixão? Como desenvolvemos a confiança em que a abertura e *maitri* estão disponíveis, mesmo nos momentos mais frenéticos? Quando nos sentimos excluídos, inadequados ou solitários, podemos assumir a perspectiva do guerreiro e fazer contato com a boditchita?

Compartilhar o coração é uma prática simples que pode ser usada em todos os momentos e em todas as situações. Ela amplia nossa visão e ajuda a nos lembrarmos da nossa interconexão. Uma versão imediata de *tonglen*, ela é também um método para aprimorar nossa capacidade de nos alegrarmos.

A essência dessa prática é que, quando encontramos dor em nossa vida, nós a inspiramos para dentro do coração, com o reconhecimento de que os outros também sentem isso. É uma maneira de perceber quando estamos nos fechando e de treinar nos abrir. Quando encontramos algum prazer ou alguma ternura em nossa vida, nós reconhecemos e nos alegramos. Então, pedimos que outros também possam experimentar esse deleite ou esse alívio. Resumindo, quando a vida está agradável, pense nos outros. Quando a vida está um peso, pense nos outros. Se esse for o único treinamento que venhamos a nos lembrar de praticar, ele nos beneficiará enormemente, bem como a todos os outros. É uma maneira de trazer o que quer que encontremos para o caminho de despertar a boditchita.

Mesmo a mais simples das coisas pode servir de base para essa prática – uma bonita manhã, uma boa refeição, um banho de chuveiro. Apesar de existirem muitos desses momentos comuns, passageiros, em nossos dias, costumamos passar rapidamente por eles. Esquecemos quanta alegria eles podem nos trazer. Portanto, o primeiro passo é parar, reconhecer e apreciar o que está acontecendo. Mesmo que isso seja tudo que façamos, será revolucionário. Então, pensamos em alguém que esteja sofrendo e desejamos que essa pessoa possa ter esse prazer, para adoçar a sua vida.

Quando praticamos doar dessa maneira, não nos desviamos do nosso próprio prazer. Imagine que estamos comendo um morango delicioso. Não pensamos: "Oh, eu não deveria estar tendo tanto prazer. Outras pessoas não têm nem mesmo um pedaço de pão." Simplesmente apreciamos completamente a fruta deliciosa. Então, desejamos que o Pete ou a Rita possam ter um prazer como esse. Desejamos que qualquer um que esteja sofrendo possa experimentar uma delícia como essa.

Desconforto de qualquer tipo também se transforma em base para a prática. Inspiramos sabendo que nossa dor é compartilhada; existem pessoas em todo o mundo se sentindo exatamente como nós, neste momento. Esse simples gesto é uma semente de compaixão para conosco e com os outros. Se desejarmos, podemos ir ainda mais longe. Podemos desejar que uma pessoa específica ou todos os seres possam estar livres do sofrimento e de suas causas. Dessa maneira, nossas dores de dente, nossa insônia, nossos divórcios e o nosso terror se transformam em nossa ligação com toda a humanidade.

Uma mulher me escreveu sobre praticar com seu sofrimento diário no trânsito. Seu ressentimento e sua irritação, seu medo de se atrasar para um compromisso tinham se tornado a conexão de seu coração com todas as outras pessoas sentadas, bufando, dentro de seus carros. Ela começou a sentir sua ligação com as pessoas ao seu redor e até mesmo a esperar com ansiedade pelo seu "*tonglen* do congestionamento".

Essa maneira simples de treinar com o prazer e a dor nos permite utilizar aquilo que temos, onde quer que estejamos, para nos conectarmos com outras pessoas. Ela gera a coragem no momento, que é o que será necessário para curar a nós e nossos irmãos e irmãs neste planeta.

DOZE

PENSANDO GRANDE

Treine imparcialmente em todas as áreas.
É crucial fazer isso sempre, de modo abrangente e sem reservas.
– MÁXIMA DO TREINAMENTO DA MENTE DE ATISHA

Ao praticarmos *maitri*, compaixão e alegria, treinamos para pensar grande, para nos abrirmos tão sinceramente quanto pudermos, para nós mesmos, nossos amigos e até para aqueles dos quais não gostamos. Cultivamos o estado imparcial da equanimidade. Sem essa quarta qualidade incomensurável, as outras três ficam limitadas pelo nosso hábito de gostar ou desgostar, de aceitar ou rejeitar.

Sempre que alguém perguntava a certo mestre Zen como ele estava, ele, invariavelmente, respondia: "Eu estou bem." Finalmente, um de seus alunos disse: "Roshi, como você pode estar sempre bem? Você não tem dias ruins?" O mestre Zen respondeu: "Claro que tenho. Nos dias ruins, eu estou bem. Nos dias bons, eu também estou bem." Isso é equanimidade.

A imagem tradicional da equanimidade é a de um banquete para o qual todos são chamados. Isso significa que tudo e todos, sem exceção, estão na lista de convidados. Considere seu pior inimigo. Considere alguém que poderia lhe fazer mal. Considere Pol Pot, Hitler e traficantes de drogas que aliciam jovens. Imagine convocar todos eles para essa festa.

Treinar a equanimidade é aprender a abrir a porta a todos, a receber bem todos os seres, a convidar a vida para vir visitar. É claro que, quando alguns convidados chegarem, sentiremos medo e aversão. Permitimo-nos abrir somente uma fresta da porta, se isso é tudo que conseguimos fazer no momento, e permitimo-nos fechar a porta quando necessário. Cultivar a equanimidade é um trabalho em andamento. Aspiramos a passar toda a vida treinando a bondade amorosa e a coragem necessárias para receber o que quer que nos apareça – doença, saúde, pobreza, riqueza, tristeza e alegria. Nós recebemos todos e passamos a conhecê-los bem.

A equanimidade é maior do que a nossa usual perspectiva limitada. Nossa situação habitual é esperar conseguir o que queremos e ter medo de perder o que temos. Os ensinamentos budistas identificam oito variações nessa tendência de ter esperança e medo: prazer e dor, elogio e crítica, ganho e perda, fama e desgraça. Toda vez que formos pegos em um desses extremos, o potencial para o outro estará presente. Eles sempre acompanham uns aos outros. Nenhuma felicidade duradoura vem de sermos pegos nesse ciclo de atração e repulsão. Nunca poderemos fazer com que a vida chegue ao ponto de eliminar tudo o que nos amedronta e de nos deixar somente as coisas boas. Portanto, o guerreiro-bodisatva cultiva a equanimidade, a mente vasta que não restringe a realidade às categorias de pró e contra, gosto e desgosto.

Para cultivar a equanimidade, praticamos nos flagrarmos ao sentirmos atração ou repulsa antes que o sentimento se solidifique em fixação ou negatividade. Treinamos permanecer com o ponto sensível e usar nossas tendenciosidades como degraus para nos conectarmos com a confusão dos outros. Emoções fortes são úteis nesses casos. O que quer que apareça, não importa quanto seja sentido como ruim, pode ser usado para ampliar nossa ligação com os que sofrem o mesmo tipo de agressão ou anseio – aqueles que, como nós, são apanhados pela esperança ou pelo medo. É assim que chegamos a reconhecer que estamos todos no mesmo barco. Todos nós precisamos, desesperadamente, de mais insight sobre o que leva à felicidade e o que leva à dor.

Certa vez, eu estive em um centro de prática, visitando uma amiga. Durante alguns dias, ouvi muitos dizerem que ela estava sempre atrasada para tudo. Eles estavam se sentindo incomodados e irritados. Ela justificava seu atraso com o que lhe parecia serem razões válidas. O fato de ela até mesmo se considerar cheia de razão estava irritando as pessoas.

Um dia, eu a encontrei sentada em um banco. Seu rosto estava vermelho e ela tremia de raiva. Ela marcara um encontro com alguém e já estava esperando havia quinze minutos, mas a pessoa não aparecia.

Foi difícil não chamar a atenção dela para a ironia de sua reação. No entanto, esperei para ver se ela conseguia reconhecer que a situação tinha se invertido, que era isso que ela vinha fazendo aos outros, por anos. Mas esse insight nunca chegou. Ela ainda não conseguia se colocar no lugar do outro. Em vez disso, permanecia completamente indignada, alimentando sua raiva enquanto escrevia bilhetes insultantes. Ela ainda não estava pronta para sentir sua ligação com todas as pessoas que ela fizera esperar. Como a maioria de nós, ela, sem perceber, intensificava seu sofrimento. Em vez de permitir que a experiência a suavizasse, ela a usava para reforçar sua dureza e sua indiferença.

É fácil continuar, mesmo após anos de prática, a endurecer em uma posição de raiva e indignação. No entanto, se pudermos fazer contato com a vulnerabilidade e a crueza do ressentimento e da raiva, ou do que quer que seja, uma perspectiva mais ampla pode se abrir. No momento em que escolhermos ficar com a energia em vez de extravasá-la ou reprimi-la, estaremos treinando a equanimidade, para pensar além do que é certo ou errado. É assim que todas as quatro qualidades evoluem de limitadas para incomensuráveis: praticamos surpreender nossa mente endurecendo em pontos de vista fixos e, depois, fazer o possível para suavizá-la. Pela suavidade, as barreiras desmoronam.

Uma prática instantânea de equanimidade é descer a rua com a intenção de permanecer tão desperto quanto possível para com quem quer que encontremos. Isso é um treinamento para sermos emocionalmente honestos com nós mesmos e para sermos mais acessíveis aos outros. Ao passarmos pelas pessoas, simplesmente notamos se nos abrimos ou nos fechamos. Notamos se estamos sentindo atração, aversão ou indiferença, sem acrescentar nada, assim como um autojulgamento. Poderemos sentir compaixão por alguém que parece deprimido, ou alegria por alguém que está sorrindo para si mesmo. Podemos sentir medo ou aversão por uma pessoa sem nem ao menos sabermos por quê. Notar onde nos abrimos ou nos fechamos – sem louvor ou culpa – é a base de nossa prática. Praticar dessa forma, mesmo que somente por um quarteirão de uma rua da cidade, pode nos abrir os olhos.

Podemos levar a prática ainda mais longe, usando o que quer que nos ocorra como base para despertar empatia ou compreensão. Sentimentos fechados, como medo e repulsa, tornam-se, assim, uma oportunidade para nos lembrarmos de que os outros também podem ser pegos dessa maneira. Estados de abertura, como amizade e deleite, também nos conectam muito pessoalmente com aqueles pelos quais passamos na rua. De qualquer modo, estaremos ampliando nosso coração.

Como as outras qualidades incomensuráveis, a equanimidade pode ser formalmente praticada em sete estágios. Quando temos uma sensação de espaço e tranquilidade, que não esteja aprisionada por preferências ou preconceitos, isso é equanimidade. Podemos desejar que nós mesmos e nossos entes queridos possamos permanecer nessa sensação de liberdade. Em seguida, ampliamos essa aspiração para nosso amigo, para pessoas neutras e para nosso inimigo. Fazemos, então, a aspiração de que todos nós, dessas cinco categorias de ser humano, possamos permanecer na equanimidade. Finalmente, podemos ampliar a aspiração para incluir todos os seres, no tempo e no espaço. "Que todos os seres permaneçam na grande equanimidade, livres de paixão, agressão e preconceito."

Também podemos fazer a prática da equanimidade antes de iniciarmos as práticas da bondade amorosa ou da compaixão. Reflita, simplesmente, sobre quanta dor é causada pelo apego e pela aversão, quanta dor existe em nosso medo de perder a felicidade, quanta dor existe no sentimento de que determinadas pessoas não são dignas de nossa compaixão ou amor. Então, podemos expressar nosso desejo pela força e pela coragem de sentir *maitri* e a compaixão ilimitadas por todos os seres – sem exceção –, inclusive aqueles que tememos ou dos quais desgostamos. Com essa intenção, iniciamos a prática dos sete estágios.

Como diz o Sutra da Bondade Amorosa: "Com uma mente ilimitada podemos amar todos os seres viventes, irradiando amizade por todo o mundo, acima, abaixo e à volta, sem limitação." Na prática da equanimidade, treinamos para alargar nosso círculo de compreensão e compaixão, para incluir o bom e o mau, o bonito e o feio. No entanto, a equanimidade sem limitação, totalmente livre de qualquer preconceito, não é a mesma coisa que uma harmonia definitiva onde tudo, finalmente, está bem. É mais o caso de estarmos totalmente engajados com o que quer que venha bater à nossa porta. Poderíamos chamá-la de estar completamente vivos.

O treinamento da equanimidade requer que deixemos para trás alguma bagagem: o conforto de rejeitar grandes pedaços de nossa experiência, por exemplo, e a segurança de dar as boas-vindas somente àquilo que nos é agradável. A coragem de prosseguir nesse processo de desdobramento vem da autocompaixão e de nos darmos bastante tempo. Se continuarmos a praticar dessa maneira, por meses e anos, sentiremos que nosso coração e nossa mente se tornam maiores. Quando as pessoas me perguntam quanto tempo leva isso, eu digo: "Pelo menos até você morrer."

TREZE

Conhecendo o inimigo

> *Com infalível ternura, sua vida sempre lhe apresenta o que você necessita aprender. Quer você fique em casa ou trabalhe em um escritório, ou em outro lugar, o próximo professor vai aparecer bem à sua frente.*
> – CHARLOTTE JOKO BECK

A essência da coragem é estar isento de autoilusão. No entanto, não é tão fácil lançar um olhar direto ao que fazemos. Ver-nos claramente é de início desconfortável e embaraçoso. Ao treinarmos a clareza e a estabilidade, vemos coisas que preferiríamos negar – julgamentos, mesquinhez, arrogância. Esses não são pecados, mas antes hábitos de nossa mente, temporários e trabalháveis. Quanto mais viermos a conhecê-los, mais eles perderão seu poder. É assim que chegamos a confiar em que nossa natureza fundamental é absolutamente simples, livre da luta entre o bem e o mal.

Um guerreiro começa a assumir responsabilidade por dirigir a sua vida. É como se estivéssemos carregando bagagem desnecessária. Nosso treinamento nos encoraja a abrir as malas e olhar atentamente para o que estamos carregando. Ao fazê-lo, começamos a compreender que muito dessa bagagem não é mais necessária.

Existe um ensinamento tradicional que nos apoia nesse processo: os inimigos próximos e distantes das quatro qualidades incomensuráveis. O inimigo próximo é alguma coisa similar a uma dessas quatro qualidades. No entanto, em vez de nos libertar, ele nos prende. O inimigo distante é o oposto da qualidade; ele também nos atrapalha.

O inimigo próximo ou a compreensão errônea da bondade amorosa é o apego. A palavra tibetana *lhenchak* o descreve bem. *Lhenchak* mostra como o amor que flui livremente pode se desviar e se enganar. Ensina-se que os *lhenchak* mais fortes ocorrem em três tipos de relacionamentos: entre pais e filhos, entre amantes e entre mestres espirituais e seus alunos. *Lhenchak* se caracteriza pelo apego e pelo autoenvolvimento. É como se nos emaranhássemos em uma rede de neuroses compartilhadas. Por sua própria natureza, *lhenchak* inibe o crescimento humano. Inevitavelmente, o relacionamento *lhenchak* se transforma em uma fonte de irritação e cegueira.

A bondade amorosa é diferente de *lhenchak*. Ela não se baseia na necessidade. Consiste em apreciação e cuidado genuínos pelo bem-estar de outra pessoa, respeito pelo valor de um indivíduo. Podemos amar uma pessoa por ela própria, não por ela ser digna ou indigna, não pelo fato de sermos ou não amados por ela. Isso vai além do relacionamento com pessoas. Ao amarmos mesmo uma flor sem *lhenchak*, nós a vemos mais claramente e sentimos mais ternura por sua inerente perfeição.

Levamos um choque interessante na montanha-russa de *lhenchak* quando começamos a passar pelos sete estágios da aspiração. Alguém que nos é teoricamente muito querido poderá se encaixar em diversas categorias. De fato, não são nossos companheiros ou nossos pais que colocamos na categoria dos amados incondicionalmente. Eles passam todos os dias de ente querido a pessoa difícil e, novamente, de volta.

O inimigo distante, ou o oposto da bondade amorosa, é o ódio ou a aversão. A desvantagem óbvia da aversão é que ela nos isola dos outros. Ela reforça a ilusão de que somos separados. No entanto, o ponto sensível da boditchita pode ser encontrado exatamente na rigidez e no calor do ódio. É a nossa vulnerabilidade em encontros difíceis que faz com que nos fechemos. Quando um relacionamento evoca velhas lembranças e antigos desconfortos, ficamos com medo e endurecemos o coração. Justamente no momento em que as lágrimas poderiam vir aos nossos olhos, recuamos e fazemos algo desprezível.

Jarvis Master, meu amigo no corredor da morte, conta a história de um colega prisioneiro chamado Freddie que começou a se desesperar quando soube da morte de sua avó. Ele não queria permitir que os homens ao seu redor o vissem chorando e lutou para não mostrar a sua dor. Seus amigos perceberam que ele estava a ponto de explodir e tentaram confortá-lo. Então, Freddie começou a golpeá-los violentamente. Os guardas da torre começaram a atirar e gritavam para que os amigos de Freddie se afastassem. Mas eles não o fizeram. Eles sabiam que precisavam acalmá-lo. Eles gritaram para os guardas que havia algo errado com ele, que ele necessitava de ajuda. Eles agarraram Freddie e o mantiveram quieto, e cada um deles estava chorando. Como disse Jarvis, eles se voltaram para Freddie "não como prisioneiros embrutecidos, mas simplesmente como seres humanos".

Existem três inimigos próximos da compaixão: piedade, esgotamento e compaixão idiota. A piedade, ou calor profissional, é facilmente confundida com a compaixão verdadeira. Quando nos enxergamos como aqueles que estão ajudando, vemos os outros como desamparados. Em vez de sentirmos a dor da outra pessoa, colocamo-nos à parte. Se alguma vez já estivemos do lado que recebe a piedade, sabemos quão dolorosa é a sensação. Em vez de calor e apoio, tudo o que sentimos é a distância. Na verdadeira compaixão, essas identidades superior-inferior são eliminadas.

Esgotamento é uma sensação de impotência. Sentimos que existe tanto sofrimento que o que quer que façamos não terá nenhum valor. Nós ficamos desencorajados. Eu encontrei duas maneiras efetivas de trabalhar o esgotamento. Uma é treinar com um assunto menos desafiador, encontrar uma situação da qual sejamos capazes de dar conta.

Uma mulher me escreveu que, quando leu sobre a prática da compaixão, sentiu-se inspirada a fazê-la por seu filho, que era viciado em heroína. Ela, naturalmente, queria que ele se libertasse do sofrimento e de suas causas, que tivesse felicidade e alívio. Mas, quando começou a praticar, ela descobriu que não podia fazê-lo. No momento em que entrava em contato com a verdade da situação de seu filho, ela se sentia oprimida. Ela decidiu, em vez disso, fazer *tonglen* para as famílias de todos os jovens viciados em heroína. Ela tentou, mas também não conseguiu fazer isso. A situação era demasiadamente amedrontadora e crua.

Por volta daquela época, ela ligou a televisão e lá estava o time de futebol de sua cidade natal, que tinha acabado de perder um jogo. Ela podia ver o desânimo no rosto deles. Ela, então, começou a fazer *tonglen* e aspirações compassivas para o time derrotado. Ela conseguiu entrar em contato com sua empatia autêntica, sem desalento. Quando se tornou possível fazer a prática, seus medos e sua sensação de desamparo diminuíram. Aos poucos, ela foi capaz de estender a prática para outras famílias e, finalmente, para seu filho.

Portanto, começar com alguma coisa trabalhável pode ser uma mágica poderosa. Quando encontramos um lugar no qual nosso coração pode permanecer engajado, a compaixão começa a se alastrar por si mesma.

Outra maneira de treinar com o esgotamento é manter a nossa atenção na outra pessoa. Essa exige mais coragem. Quando a dor de outra pessoa dispara medo em nós, voltamo-nos para dentro e começamos a erigir as barreiras. Entramos em pânico porque sentimos que não conseguiremos lidar com a dor. Algumas vezes, deveríamos confiar nesse pânico como um sinal de que ainda não estamos preparados para uma abertura tão ampla. Mas, em certas ocasiões, em vez de nos fecharmos ou resistirmos, poderíamos ter a coragem de fazer algo imprevisível: voltar a nossa atenção para a outra pessoa. Isso é o mesmo que manter nosso coração aberto para a dor. Se não pudermos desviar a nossa atenção, talvez possamos deixar de lado a história e sentir a energia da dor em nosso corpo, por um segundo, sem nos alienarmos ou nos retrairmos. No entanto, se nenhuma dessas alternativas for possível, encontramos por ora alguma compaixão para com nossas limitações atuais e seguimos em frente.

O terceiro inimigo próximo da compaixão é a compaixão idiota. Ocorre quando evitamos o conflito e protegemos nossa boa imagem, sendo gentis quando deveríamos dizer um "não" definitivo. A compaixão não implica somente tentar ser bom. Quando nos encontramos em um relacionamento agressivo, precisamos estabelecer limites claros. A coisa mais gentil que podemos fazer, para todos os envolvidos, é saber quando dizer "chega". Muitas pessoas usam os ideais budistas para justificar a autoanulação. Em nome de não fechar o coração, permitimos que as pessoas pisem em nós. Diz-se que, para não quebrarmos nosso voto de compaixão, precisamos aprender quando fazer parar a agressão e impor limite. Existem momentos em que a única maneira de derrubar as barreiras é determinar os limites.

O inimigo distante, ou o oposto da compaixão, é a crueldade. Quando chegamos ao limite de sofrimento que conseguimos aguentar, algumas vezes usamos a crueldade como defesa contra o nosso medo da dor. Isso é comum para qualquer pessoa que tenha sido maltratada quando criança. Em vez de sentirmos gentileza para com os que estão indefesos e fracos, podemos sentir um desejo irracional de feri-los. Protegemos nossa vulnerabilidade e nosso medo tornando-nos embrutecidos. Se não reconhecermos que fazendo isso estamos nos ferindo tanto quanto ferimos os outros, nunca nos libertaremos. Booker T. Washington estava certo ao dizer: "Não permita que alguém o rebaixe tanto a ponto de você vir a odiá-lo." A crueldade, quando racionalizada ou não reconhecida, nos destrói.

O inimigo próximo da alegria é a superexcitação. Podemos nos transportar para um estado maníaco e confundir o fato de estarmos alienados, circulando bem acima das tristezas do mundo, com a alegria incondicional. Novamente, em vez de nos conectar com os outros, isso nos separa. A alegria autêntica não é um estado eufórico ou uma sensação de estar intoxicado. Pelo contrário, é um estado de apreciação que nos permite participar totalmente de nossa vida. Treinamos nos alegrar com a boa fortuna, nossa e dos outros.

O inimigo distante da alegria é a inveja. Até começar a praticar para me alegrar com a boa fortuna dos outros, eu nunca tinha percebido quanto eu podia ser invejosa. Dizer que isso foi humilhante é dizer pouco. Fiquei espantada ao constatar quão frequentemente eu reajo ao sucesso dos outros com rancor. Quando soube que o livro de uma conhecida havia vendido mais do que o meu, instantaneamente eu senti inveja. Talvez por essas práticas exporem nossas falhas ocultas é que, algumas vezes, relutamos em fazê-las. Mas essa é uma razão para continuarmos treinando: é preciso prática para ficarmos conosco, assim como somos, em nossa totalidade.

O inimigo próximo da equanimidade é o desinteresse, ou a indiferença. Especialmente na prática espiritual, é fácil confundir o estado de estar pairando acima da confusão da vida com a genuína equanimidade. Somos abertos, amistosos, serenos e estamos orgulhosos de ter transcendido a revolta emocional. Se sentimos angústia, embaraço ou raiva, pensamos que, na verdade, estragamos tudo. No entanto, sentir uma revolta emocional não é um passo espiritual em falso; é esse o lugar onde o guerreiro aprende a compaixão. É onde aprendemos a parar de lutar contra nós mesmos. Somente quando pudermos permanecer nesses lugares que nos assustam é que a equanimidade se tornará inabalável.

O inimigo distante da equanimidade é o preconceito. Tornamo-nos convencidos de nossas crenças e nos colocamos firmemente a favor ou contra os outros. Tomamos partido. Tornamo-nos inflexíveis. Temos inimigos. Essa polarização é um obstáculo à equanimidade genuína que resulta em ação compassiva. Se desejamos diminuir a injustiça e o sofrimento, temos que fazê-lo com uma mente sem preconceitos.

As práticas do coração nos preparam para nos tornarmos íntimos conhecedores dos inimigos próximos e distantes. Nosso treinamento é quase como convidá-los a nos visitar. Ao nos aproximarmos de nossa genuína capacidade de nos alegrarmos, chegamos a conhecer nosso ciúme e nosso ressentimento. Ao começarmos o treinamento para abrir o coração, vemos de perto o preconceito e a indiferença. Ao passarmos pelos estágios de aspiração, esses sentimentos recalcados tornam-se mais vívidos.

Esses inimigos são bons mestres e nos mostram que podemos nos aceitar e aceitar os outros, completamente, com todas as imperfeições. Desenvolvemos confiança em nossa mente aberta e generosa. Ao fazermos isso, descobrimos a força que nos permite entrar no sofrimento do mundo.

QUATORZE

COMEÇAR DE NOVO

Somos todos filhos do Grande Espírito, pertencemos todos à Mãe Terra. Nosso planeta está em grande perigo e, se continuarmos com velhos rancores e não trabalharmos juntos, morreremos todos.

– CHEFE SEATTLE

O perdão é um ingrediente essencial da prática da boditchita. Ele nos permite soltar o passado e fazer um novo começo.

Quando uma querida amiga minha estava para morrer, um mestre tibetano lhe disse para rever sua vida com honestidade e compaixão. Esse processo levou-a a alguns lugares bem escuros, cantos de sua mente nos quais ela estava presa a culpas e ressentimentos. Então o mestre a instruiu no perdão, dizendo que a coisa mais importante a fazer era perdoar a si mesma. Ele sugeriu que ela fizesse uma variação de *tonglen*. Ela deveria iniciar visualizando a si mesma e então, intencionalmente, trazer à tona todos os pesares de sua vida. O objetivo não era permanecer nas lembranças dolorosas, mas entrar em contato com os sentimentos subjacentes à dor: culpa ou vergonha, confusão ou remorso. Os sentimentos não precisavam receber nomes, ela deveria fazer contato com a fixação de maneira não verbal.

O próximo passo era respirar esses sentimentos para dentro do coração, abrindo-o tanto quanto possível, e, então, enviar perdão a si mesma. Depois disso, ela deveria pensar nas outras pessoas que estivessem sentindo a mesma angústia, respirar a dor delas, bem como a sua, para dentro do coração e enviar perdão a todos. Minha amiga achou que isso foi um processo de cura. Permitiu que ela fizesse as pazes com aqueles que tinha magoado e com aqueles que a feriram. Ela foi capaz de se libertar de sua vergonha e de sua ira antes de morrer.

Uma mulher que veio a Gampo Abbey para um retiro *tonglen* tinha sofrido severos abusos sexuais por parte do pai. Ela se identificava fortemente com pássaros engaiolados e contou-me que, muitas vezes, se sentia como se fosse um deles. Durante a prática de *tonglen*, ela inspirava o sentimento de ser pequena e encarcerada; na expiração, abria a porta e deixava que todos os pássaros saíssem. Um dia, ao recolher e enviar dessa forma, ela experimentou um dos pássaros sair voando e pousar no ombro de um homem. Então, o homem se virou e ela viu que ele era o seu pai. Pela primeira vez na vida ela foi capaz de perdoá-lo.

O perdão, ao que parece, não pode ser forçado. No entanto, quando formos corajosos o suficiente para abrir o coração para nós mesmos, o perdão emergirá.

Há uma prática simples que podemos fazer para cultivar o perdão. Primeiro, reconhecemos aquilo que sentimos – vergonha, vingança, embaraço, remorso. Então, nós nos perdoamos por sermos humanos. Em seguida, no espírito de não ficar chafurdando na dor, deixamos ir e começamos de novo. Não temos mais que carregar o fardo conosco. Podemos reconhecer, perdoar e começar de novo. Se praticarmos dessa forma, aos poucos aprenderemos a permanecer com o sentimento de desgosto por termos ferido a nós e aos outros. Aprenderemos, também, o autoperdão. Com o tempo e no nosso próprio ritmo, encontraremos até mesmo nossa capacidade de perdoar aqueles que nos fizeram mal.

Descobriremos o perdão como uma expressão natural do coração aberto, uma expressão de nossa bondade fundamental. Esse potencial é inerente a todos os momentos. Cada momento é uma oportunidade para começar de novo.

QUINZE

FORÇA

Pratique as cinco forças, as instruções essenciais para o coração.
– MÁXIMA DO TREINAMENTO DA MENTE DE ATISHA

As cinco forças são a *forte determinação*, a *familiarização* com os ensinamentos e as práticas da boditchita, a *semente da bondade*, que se encontra em todo ser vivo, a prática da *repreensão* e o poder da *aspiração*. Essas são cinco maneiras de um guerreiro aumentar sua confiança e sua inspiração.

Forte determinação é o nosso compromisso de usar nossa vida para dissolver a indiferença, a agressão e o apego que nos separam uns dos outros. É um compromisso para respeitar o que quer que a vida nos traga. Como guerreiros em treinamento, desenvolvemos a sincera determinação de usar o desconforto como uma oportunidade para despertar em vez de tentar fazê-lo desaparecer. Como permanecer com nossas emoções desagradáveis sem nos refugiarmos nas nossas estratégias usuais? Como agarrar nossos pensamentos antes que eles se tornem cem por cento verdade e se solidifiquem no "nós" contra "eles"? Onde encontrar o calor essencial ao processo de transformação? Temos o compromisso de explorar essas questões. Estamos determinados a encontrar uma maneira de reconhecer nosso parentesco com os outros, determinados a continuar treinando para abrir a nossa mente. Essa forte determinação gera força.

A familiarização é a força que nos vem quando levamos os ensinamentos ao coração, tornando-nos íntimos deles ao usá-los cada vez mais. Ao acordarmos de manhã e recomeçarmos o nosso treinamento da boditchita, o que usaremos como material? Somente nosso dia normal, com todas as suas variações – agradável, desagradável ou, simplesmente, mundano.

O que acontecerá conosco hoje é totalmente desconhecido, tão desconhecido como o que acontecerá na morte. Nosso compromisso é usar o que quer que aconteça para despertar nosso coração. Como diz uma das máximas: "Todas as atividades devem ser realizadas com uma intenção." A intenção é reconhecer nossa conexão com todos os seres.

Certa vez, tive o prazer de ir à piscina de um amigo, no campo. Eu tinha acabado de receber uma carta e então, quando lá cheguei, fiquei sentada no carro para lê-la. A carta era muito direta. Ela chamava minha atenção para o fato de que, em uma determinada situação, eu tinha deixado de me comunicar com as pessoas devidas. A falta de comunicação clara, de minha parte, tinha causado confusão e desapontamento. Ler essa carta me trouxe uma surpreendente quantidade de dor. Tudo em mim queria fugir, e eu adotei uma estratégia comum: a culpa. Era culpa de outra pessoa que isso tivesse acontecido.

Ali mesmo, no carro, peguei uma caneta e comecei a escrever uma carta à pessoa que eu considerava culpada. Tornei a culpa sólida e real: eu a pus no papel. Eu sabia que deveria parar de escrever, mas disse a mim mesma: "Como posso pedir a outras pessoas que façam esse tipo de prática? É pedir demais. É muito desafiador, muito difícil." Saí do carro e me sentei à beira da piscina, e a dor era tão terrível que, naquele momento, eu esqueci tudo sobre os ensinamentos a respeito da boditchita. Eu não queria ser uma guerreira. Por outro lado, eu sei que a infelicidade está na fuga, em me direcionar para longe do desconforto. Acredite em mim, fiz isso o suficiente para saber que é verdade.

Tentei me encorajar, dizendo que sou maior do que meus pensamentos e minhas emoções. Também reconheci meus pensamentos, ouvindo o que eu estava dizendo sobre mim mesma e sobre os outros. Mas nenhuma mudança acontecia, absolutamente nenhuma.

Finalmente, entrei na piscina e comecei a nadar. Depois de nadar para lá e para cá uma meia dúzia de vezes, apoiei os cotovelos na borda da piscina e comecei a chorar. Naquele momento eu estava subjugada pela sensação de como sofremos.

Então, não por estar fazendo uma prática específica mas porque estou tão familiarizada com encontrar o ponto sensível, uma reserva de empatia apareceu, aparentemente de lugar nenhum, disponível para mim. Fui capaz de me conectar profundamente com meus irmãos e irmãs ao redor do mundo.

Tudo que eu tinha feito lá, sentada à beira da piscina, tinha sido, de certo modo, ficar. Eu estava tentando me lembrar dos ensinamentos e praticar, mas o que quer que eu fizesse não era importante. Não existe uma fórmula para fazer esse tipo de trabalho. Minha disposição de permanecer no desconforto foi o que permitiu que algo mudasse. Então, a reserva de compaixão começou a emergir.

Quase sempre não há tal recompensa. Ficar com a tristeza ou a dor não é necessariamente um processo imediatamente gratificante. Mas, com o tempo, começamos a nos sentir mais leves e mais corajosos. A familiarização com os ensinamentos e com as práticas da boditchita de maneira consistente é como aprendemos a permanecer com a angústia e a sentir a nossa humanidade compartilhada. É assim que tornamos úteis e sinceros os ensinamentos em nossa vida.

A terceira fonte de inspiração é a semente da boditchita. A força dessa semente positiva é que reservas de abertura e de ternura estão disponíveis para nós. Algumas vezes, necessitamos de uma pequena dose de fé para nos lembrarmos de nossa bondade fundamental. O truque é nos conectarmos com o ponto sensível que já possuímos. Encontrar pequenas maneiras de a semente da bondade se manifestar em nossa vida às vezes ajuda. Encontrar a capacidade de nos alegrarmos e de nos preocuparmos, mesmo que de forma passageira, reforça nossa confiança. Ver como bloqueamos nosso coração e como fechamos nossa mente nos traz autocompaixão e o desejo de não mais o fazer.

Portanto, a nossa prática é continuar regando a semente. Nós a regamos quando pensamos nos outros, tanto nos momentos em que estamos felizes quanto naqueles em que estamos sofrendo. Nós a regamos ao reconhecer nosso parentesco com todos os seres, através do tempo e do espaço. Nós a regamos ao notar nossas reações negativas e positivas, com quem ou o que quer que encontremos. Nós a regamos com gentileza e com honestidade. Aprendemos a perguntar: "Como poderei usar este sofrimento e esta alegria como um veículo para a transformação?" E praticamos ser gentis quando nos sentimos incapazes de prosseguir.

A quarta força é a repreensão. A repreensão pode ser enganadora porque sai pela culatra se não houver *maitri*. Sua força é que, se usada com bondade amorosa, ela nos afastará dos nossos debilitantes padrões habituais. O método mais gentil de repreensão é nos perguntarmos: "Já fiz isso antes?" Quando suspeitamos de que estamos nos afastando do momento, podemos dizer a nós mesmos, como um lembrete: "Esta maneira de agir ou de pensar parece familiar?"

Trungpa Rinpoche encorajava seus alunos a serem bodisatvas excêntricos e a "dar uma dura" no ego. Ele sugeria que, em lugar de ouvir rádio ou de cantar no chuveiro, falássemos com nosso ego: "Tudo bem, ego. Durante toda a minha vida você andou me criando problemas, mas agora eu estou ficando bem mais esperto. Não vou cair na sua conversa nem por um dia mais!"

Patrul Rinpoche conta algumas histórias deliciosas sobre um monge chamado Geshe Ben. Repreender o ego era uma de suas principais práticas. Ele se especializou em se surpreender ao ser fisgado. Um dia, uns benfeitores convidaram Geshe Ben para uma refeição. Depois de terminada, ele foi deixado só na sala, com um grande saco de farinha. Sem pensar, ele enfiou sua tigela no saco e começou a pegar um pouco, para levar na viagem. Com a mão dentro do saco, ele exclamou: "Ben, veja o que você está fazendo!" Então ele gritou: "Ladrão! Ladrão!" Os benfeitores acorreram e o encontraram lá, de pé, sua mão ainda dentro do saco, gritando: "Eu o peguei! Eu o peguei! Eu peguei o ladrão em flagrante!" É esse o espírito da repreensão. Incluir senso de humor é que faz com que funcione.

A próxima vez que Geshe Ben partilhou uma refeição com seus benfeitores, eles estavam servindo também outros monges. Foram oferecidas muitas comidas deliciosas, inclusive iogurte – sua favorita –, e Ben estava no fim da fila. Após algum tempo, ele foi ficando ansioso por temer que não houvesse o suficiente. Enquanto os criados serviam o iogurte, ele observava nervosamente para ver quanto os outros estavam pegando, sentindo-se irritado com aqueles que pegavam mais e feliz com os que pegavam menos. Então, de repente, ele se surpreendeu no ato, gritando: "Ben, veja o que você está fazendo!" Quando, finalmente, chegou sua vez, ele cobriu sua tigela, dizendo: "Não! Não! Chega de iogurte para este viciado em iogurte!"

O ponto, na repreensão, é desenvolver suficiente autorrespeito para nos permitir parar quando nos surpreendemos sendo fisgados pelos nossos comportamentos habituais. Não estamos castigando nossa maldade; estamos simplesmente ficando mais espertos sobre o que nos traz sofrimento e sobre o que nos traz felicidade. Estamos, finalmente, nos dando uma chance.

A quinta força é aquela que vem da aspiração. Podemos ainda sentir que não estamos prontos para agir, mas, mesmo em situações muito difíceis, somos capazes de fazer alguma coisa para ajudar. Podemos aspirar a despertar a boditchita, para nos libertarmos da neurose e para sermos benéficos. Podemos aspirar a encontrar a força e a capacidade de amar do guerreiro.

Um aluno me contou que cedo, numa manhã, ele ouviu uma mulher gritando na rua. Ele vivia em um centro de prática na cidade; outras pessoas acordaram e todos eles saíram para ajudar. Mas, antes que isso acontecesse, ele teve de reconhecer que, quando ouviu os gritos pela primeira vez, sentiu aversão em relação àquela mulher. Ele não estava preparado nem mesmo para fazer a aspiração de estar em seu lugar. Ele não conseguia aspirar a sentir sua dor. Era por demais aterrorizante imaginar estar tão vulnerável e tão desprotegido. Seu sentimento foi: "Antes ela do que eu." Então, lá mesmo, no local, ele pensou em todas as pessoas que, como ele, desejam ajudar, mas não conseguem. Em seguida ele fez a aspiração genuína de que, nesta mesma vida, ele e todos os outros possam lidar com seus medos e remover as barreiras da separação.

Estas são, portanto, as cinco forças que podemos utilizar em nossa prática de despertar a boditchita:

- Cultivar a forte determinação e o compromisso de nos relacionarmos abertamente com o que quer que a vida nos apresente, inclusive nossa angústia emocional.
- Construir a familiarização com as práticas da boditchita tanto por seu emprego na prática formal como no dia a dia.

- Regar a semente da boditchita tanto nas situações deliciosas quanto nas infelizes, de modo que possa crescer nossa confiança nesta semente positiva.
- Usar da repreensão – com gentileza e humor – como uma maneira de nos surpreendermos antes que venhamos a causar mal a nós mesmos ou aos outros.
- Nutrir o hábito da aspiração, para todos nós, de que o sofrimento e suas raízes diminuam e a sabedoria e a compaixão aumentem, alimentando o hábito de cultivar, sempre, o coração generoso e a mente aberta.

DEZESSEIS

TRÊS TIPOS DE PREGUIÇA

No jardim da gentil sanidade,
Que você seja bombardeado por cocos de vigilância.
— CHÖGYAM TRUNGPA RINPOCHE

A preguiça é uma característica humana comum. Infelizmente, ela inibe a energia do despertar e mina nossa confiança e nossa força. Existem três tipos de preguiça – orientação ao conforto, perda de entusiasmo e "não ligo a mínima". Essas são as três maneiras pelas quais ficamos presos aos padrões habituais debilitantes. No entanto, explorá-las com curiosidade faz com que o seu poder se dissolva.

O primeiro tipo de preguiça, a orientação ao conforto, está baseado em nossa tendência de evitar inconveniências. Queremos descansar, nos dar um tempo. Mas a busca de tranquilidade e calma se torna um hábito e ficamos exaustos e preguiçosos. Se estiver chovendo, preferimos dirigir por meia quadra a nos molharmos. Ao primeiro sinal de calor, ligamos o ar-condicionado. Na primeira ameaça de frio, ligamos o aquecedor. Dessa maneira, perdemos contato com a textura da vida. Confiamos na "adrenalina" rápida e ficamos acostumados a resultados automáticos.

Esse tipo especial de preguiça pode nos tornar agressivos. Ficamos indignados com a inconveniência. Quando o carro não funciona, quando ficamos sem os serviços de água ou de eletricidade ou quando temos que nos sentar no chão frio, duro, nós explodimos. A orientação ao conforto entorpece nossa percepção dos odores, da vista e dos sons. Também nos deixa insatisfeitos. De algum modo sabemos sempre em nosso coração que o prazer puro não é o caminho para a felicidade duradoura.

O segundo tipo de preguiça é a perda de entusiasmo. Temos uma sensação de desesperança, de "pobre de mim". Ficamos nos sentindo tão empobrecidos que não somos capazes de lidar com o mundo. Sentamo-nos em frente à TV, comendo, bebendo e fumando, estupidamente assistindo a um programa após outro. Não conseguimos nos motivar a fazer qualquer coisa que venha a arejar nossa perda de entusiasmo. Mesmo que consigamos nos forçar a levantar e abrir uma janela, nós o fazemos com uma sensação de vergonha. Fazemos um gesto exterior de romper com a preguiça, mas, no interior, ainda mantemos a essência da desesperança. Aquele gesto de nos animar ou de forçar ainda é uma expressão da perda de entusiasmo. Ainda estamos nos dizendo: "Sou o pior. Não há esperança para mim. Nunca vou conseguir fazer nada direito." Dessa forma, não nos damos nenhuma chance. Esquecemos como nos ajudar; falta-nos a percepção do que nos traria alívio verdadeiro.

O terceiro tipo de preguiça, "não dou a mínima", se caracteriza pelo ressentimento. Estamos dizendo ao mundo que se dane. É similar à perda de entusiasmo, mas é muito mais dura. A perda de entusiasmo possui uma espécie de suavidade e vulnerabilidade. "Não dou a mínima" é mais agressiva e desafiadora. "O mundo está uma bagunça. Não está me dando aquilo que mereço. Por que me preocupar, então?" Vamos ao bar e passamos o dia bebendo, e, se alguém falar conosco, arrumamos uma briga. Ou fechamos as cortinas, caímos na cama e nos cobrimos até a cabeça. Se alguém tentar nos animar, que os céus o ajudem! Chafurdamos em nos sentirmos desvalorizados e abandonados. Não queremos encontrar uma saída. Só queremos ficar ali, sentindo-nos arrasados pela melancolia. Usamos a preguiça como nossa maneira de conseguir uma vingança. Esse tipo de preguiça pode facilmente se converter em uma depressão incapacitante.

Existem três métodos habituais que o ser humano usa para se relacionar com a preguiça, ou com qualquer emoção perturbadora. Eu os chamo de as três estratégias fúteis – as estratégias de atacar, de desculpar e de ignorar.

A estratégia fútil de atacar é especialmente popular. Ao vermos a nossa preguiça, nós nos condenamos. Criticamo-nos e envergonhamo-nos por cedermos ao conforto, por nossa autopiedade, ou por não sairmos da cama. Chafurdamos no sentimento de sermos maus e culpados.

A estratégia fútil de desculpar é igualmente popular. Justificamos e até aplaudimos a nossa preguiça. "É assim mesmo que eu sou. Eu não mereço desconforto e inconveniência. Tenho razões suficientes para estar enraivecido, ou para dormir 24 horas por dia." Podemos estar assombrados por dúvidas a nosso respeito e por sentimentos de inadequação, mas nos convencemos a perdoar nosso comportamento.

A estratégia de ignorar é bastante eficaz, pelo menos por algum tempo. Nós nos dissociamos, viajamos, ficamos entorpecidos. Fazemos o que for possível para nos distanciarmos da verdade nua de nossos hábitos. Ligamos o piloto automático e, simplesmente, evitamos olhar muito de perto para aquilo que estamos fazendo.

As práticas de treinamento da mente do guerreiro nos apresentam uma quarta alternativa: uma estratégia iluminada. Esta consiste em sentir completamente o que quer que estejamos tentando evitar, sem fugir por meio de nossas três maneiras habituais. Ficamos curiosos sobre os três tipos de preguiça. Com o treinamento da boditchita, praticamos não resistir à resistência, entrando em contato com a ternura e a ausência de chão fundamentais de nosso ser, antes que ele endureça. Fazemos isso com a clara intenção de diminuir nossa fixação no ego e aumentar nossas sabedoria e compaixão.

É importante reconhecer que, normalmente, não queremos investigar a preguiça ou qualquer outro hábito. Queremos ceder a eles, ignorá-los ou condená-los. Queremos continuar com as três estratégias fúteis porque as associamos ao alívio. Queremos continuar a fugir para a orientação ao conforto, para falar interminavelmente com nós mesmos sobre nossa perda de entusiasmo ou para ruminar o fatalismo de não dar a mínima.

Em algum ponto, no entanto, talvez comecemos a ficar curiosos e a fazer perguntas como: "Por que estou sofrendo? Por que nada se esclarece? Por que minha insatisfação e meu tédio se tornam mais fortes a cada ano que passa?"

É possível então que nos lembremos de nosso treinamento, que nos sintamos preparados para tentar experimentar a abordagem compassiva do guerreiro. Nesse momento, finalmente, a instrução de permanecer com a ternura e de não enrijecer pode começar a fazer sentido.

Então começamos a examinar nossa preguiça e a experimentar diretamente a sua qualidade. Começamos a conhecer nosso medo da inconveniência, nossa vergonha, nosso ressentimento, nossa estagnação, e passamos a entender que os outros também se sentem da mesma forma. Prestamos atenção nas histórias que contamos a nós mesmos e notamos como elas fazem nosso corpo enrijecer. Com a continuidade da prática, compreendemos que não precisamos mais acreditar nessas histórias. Fazemos da prática de *tonglen*, da meditação sentada e das outras práticas da boditchita as maneiras de nos abrirmos à crueza da energia emocional. Começamos a sentir alguma ternura, reconhecendo que todos são aprisionados, como nós, e que todos poderíamos ser livres.

A preguiça não é especialmente terrível ou maravilhosa. Em vez disso, ela possui uma qualidade viva básica, que merece ser sentida exatamente como é. Talvez venhamos a encontrar na preguiça uma qualidade irritante, pulsante. Poderíamos senti-la como enfadonha e pesada, ou como vulnerável e crua. O que quer que venhamos a descobrir ao continuarmos a exploração, não encontraremos nada a que nos agarrar, nada sólido, somente uma energia solta e desperta.

Esse processo de sentir a preguiça diretamente e de maneira não verbal é transformador. Ele libera uma tremenda energia que é normalmente bloqueada pelo nosso hábito de fugir. Isso ocorre porque, ao parar de resistir à preguiça, nossa identidade como aquele que é preguiçoso começa a se desfazer completamente. Sem os antolhos do ego, conectamo-nos a uma nova perspectiva, a uma visão maior. É assim que a preguiça – ou qualquer outro demônio – nos inicia na vida compassiva.

DEZESSETE

ATIVIDADES DE UM BODISATVA

Como os Budas de antigamente deram à luz a boditchita
E progressivamente se estabeleceram no treinamento de um bodisatva,
Então também eu, para benefício dos seres, dou à luz a boditchita
E me treino, progressivamente, nesta disciplina.

– SHANTIDEVA

Poucos se satisfazem com retirar-se do mundo e passar a trabalhar somente consigo mesmos. Queremos que nosso treinamento se manifeste e que seja benéfico. Portanto, o guerreiro-bodisatva faz um voto para despertar não somente por si mesmo, mas também pelo bem-estar de todos os seres.

Existem seis atividades tradicionais que o bodisatva treina, seis maneiras de viver compassivamente: generosidade, disciplina, paciência, entusiasmo, meditação e *prajna* – sabedoria incondicional. Tradicionalmente, elas são chamadas de *paramitas*, uma palavra em sânscrito que significa "atravessar para a outra margem". Cada uma delas é uma atividade que podemos usar para nos levar além da aversão e do apego, além do ficarmos presos a nós mesmos, além da ilusão de separação. Cada *paramita* tem a capacidade de nos levar além do nosso medo de nos libertarmos.

Por meio do treinamento das *paramitas* aprendemos a ficar confortáveis com a incerteza. Ir para a outra margem possui uma qualidade de falta de apoio, um senso de ser pego no meio, ser pego em um estado intermediário. Entramos em uma balsa nesta margem, onde estamos lutando com noções de certo e errado, ocupados em solidificar a ilusão de chão pela procura constante da previsibilidade. E começamos a atravessar o rio para o outro lado, onde estaremos liberados da estreiteza mental e do pensamento dualístico que caracterizam o apego ao ego. Essa é a imagem tradicional.

Esta é a imagem que eu prefiro: no meio do rio, já sem poder mais enxergar a margem, a balsa começa a se desintegrar. Nós então nos encontramos sem absolutamente nada a que nos agarrar. Do nosso ponto de vista convencional, isso é aterrorizante e perigoso. No entanto, uma pequena mudança de ponto de vista pode nos dizer que não ter nada a que se agarrar é libertador. Poderíamos ter fé em que não iremos nos afogar. Não nos agarrar a coisa alguma significa poder relaxar neste mundo fluido, dinâmico.

A *prajnaparamita* é a chave para esse treinamento. Sem a *prajnaparamita* – ou a boditchita incondicional – as outras cinco atividades podem ser usadas para nos dar a ilusão de terra firme. O fundamento da *prajnaparamita* é a atenção plena, uma investigação aberta da nossa experiência. Questionamos sem a intenção de encontrar soluções permanentes. Cultivamos uma mente alerta e inquisitiva, que não se satisfaz com visões limitadas ou parciais.

É como estar deitado na cama, antes do amanhecer, e escutar o barulho da chuva no telhado. Esse simples som pode ser um desapontamento, pois estávamos planejando fazer um piquenique. Pode ser agradável, porque nosso jardim está tão seco. Mas a mente flexível de *prajna* não tira conclusões do tipo bom ou mau.

Ela percebe o som sem adicionar nada extra, sem julgamentos de feliz ou triste.

É com essa mente livre de fixações de *prajna* que praticamos a generosidade, a disciplina, o entusiasmo, a paciência e a meditação, passando da mente estreita para a flexibilidade e o destemor.

A essência da generosidade é soltar o apego. A dor é sempre um sinal de que estamos nos agarrando a algo – normalmente a nós mesmos. Quando nos sentimos infelizes, inadequados, ficamos mesquinhos e seguramos com força. A generosidade é uma atividade que nos solta. Ao oferecer aquilo que podemos – um dólar, uma flor, uma palavra de encorajamento –, estamos praticando o desprendimento. Como disse Suzuki Roshi: "Doar é não apego; simplesmente não ter apego a nada é doar."

Existem muitas maneiras de praticar a generosidade. O principal não é tanto o que damos, mas que nos libertemos do nosso hábito de nos apegarmos. Uma prática tradicional é simplesmente oferecer, com as próprias mãos, um objeto que apreciamos. Uma mulher que conheço decidiu que iria doar qualquer coisa a que estivesse apegada. Um homem deu dinheiro a pedintes na rua todos os dias, durante seis meses, após a morte de seu pai. Essa foi a sua maneira de lidar com a dor. Uma mulher treinou visualizar que estava dando aquilo que mais temia perder.

Um jovem casal decidiu lidar com sua ambivalência a respeito de mendigos dando dinheiro à primeira pessoa que lhes pedisse, todos os dias. Eles estavam sinceramente tentando lidar com sua confusão sobre o assunto dos sem-teto e tinham um planejamento: eles seriam pessoas boas e generosas, cumpririam seu nobre dever e, depois, esqueceriam os seus sentimentos conflitantes pelo resto do dia.

Certa manhã, um bêbado pediu dinheiro a essa mulher quando ela entrava em uma loja. Mesmo sendo o primeiro mendigo do dia, sua presença a deixou enojada e ela não quis lhe dar nada. Ao sair da loja, ela puxou apressadamente uma nota da bolsa e lhe deu, afastando-se depressa. Ao dirigir-se para seu carro, ela ouviu uma voz chamando: "Senhora, senhora!" Ela se voltou e lá estava o bêbado, que lhe disse: "Acho que a senhora cometeu um engano! A senhora me deu uma nota de cem."

A prática de doar nos mostra onde estamos resistindo, a que ainda estamos nos agarrando. Começamos com nossos planos bem elaborados, mas a vida os atrapalha. O verdadeiro desprendimento se desenvolverá a partir de um gesto de generosidade. A nossa perspectiva convencional começará a mudar.

É fácil ver as *paramitas* como um rígido código de ética, uma lista de regras. Mas o mundo do bodisatva não é simples assim. O poder das *paramitas* não é que elas sejam mandamentos, mas que confrontem nossas reações habituais. Isso é especialmente verdadeiro para a *paramita* da disciplina. Disciplina é a conduta que faz diminuir o sofrimento. O guerreiro evita condutas não virtuosas, tais como matar, falar mal, roubar e ter uma conduta sexual inconveniente. Essas diretrizes, no entanto, não estão escritas em pedra. O essencial é a intenção de abrir o coração e a mente. Se realizarmos boas ações com uma atitude de superioridade ou indignação, estaremos simplesmente adicionando mais agressão ao planeta.

O treinamento das *paramitas* é uma maneira de nos tornar humildes e nos manter honestos. Ao praticarmos a generosidade, nos tornamos íntimos de nossa fixação. Quando praticamos a disciplina de não causar mal, vemos a nossa rigidez e a nossa intransigência. Nossa prática é trabalhar com a mente flexível de *prajna* usando as diretrizes da conduta compassiva – ver as coisas sem os "deve" e os "não deve".

Não estamos nos apoiando em um código de conduta e condenando todos aqueles que não o seguem. Se traçarmos uma linha no centro de uma sala e dissermos às pessoas presentes que se posicionem na categoria de "virtuosas" ou na de "não virtuosas", estaremos verdadeiramente mais liberados porque escolhemos o lado das "virtuosas"? O mais provável é estarmos sendo simplesmente mais arrogantes e orgulhosos. Bodisatvas podem ser encontrados entre ladrões, prostitutas e assassinos.

Existe uma história budista tradicional sobre um capitão de navio, Coração Compassivo, que estava viajando com quinhentas pessoas quando um pirata, Lanceiro Raivoso, abordou o barco e ameaçou matar todos. O capitão compreendeu que, se o pirata fizesse isso, estaria lançando as sementes de seu próprio e intenso sofrimento. Movido pela compaixão, tanto pelo pirata quanto pelas pessoas, o capitão matou Lanceiro Raivoso. No mesmo espírito, algumas vezes temos que dizer uma mentira, de modo a proteger alguém de um mal.

Não existe um ato que seja inerentemente virtuoso ou não virtuoso. O guerreiro treina as disciplinas de não causar mal, sabendo que a maneira de fazê-lo habilmente irá mudar conforme as circunstâncias. Ao praticarmos a disciplina com flexibilidade, tornamo-nos menos moralistas e mais tolerantes.

Ao treinarmos a *paramita* da paciência, em primeiro lugar, somos pacientes com nós mesmos. Aprendemos a relaxar com a inquietude de nossa energia – a energia da raiva, do tédio ou da excitação. A paciência exige coragem. Ela não é um estado ideal de calma. De fato, ao praticarmos a paciência, veremos muito mais claramente a nossa agitação.

Um homem decidiu treinar a paciência durante sua ida matinal ao trabalho. Ele achou que estava se saindo muito bem. Ele era paciente quando os outros motoristas o fechavam. Ele era paciente quando eles buzinavam. Quando ficou ansioso porque o tráfego intenso iria fazê-lo se atrasar, ele foi capaz de relaxar em sua energia agitada. Ele estava indo maravilhosamente bem. Então, teve que parar para uma mulher na faixa de pedestres. Ela estava caminhando muito devagar. O homem ficou lá, sentado, praticando a paciência – deixando que os pensamentos se fossem e conectando-se com sua inquietude, da maneira mais direta que podia. De repente, a mulher se virou, deu um chute em seu carro e começou a gritar com ele. Nesse ponto, ele perdeu totalmente a calma e começou a gritar de volta. Então se lembrou de ter ouvido dizer que, ao praticar a paciência, vemos nossa raiva muito mais claramente. Ele começou a inspirar pela mulher e por si mesmo. Aqui estavam eles – dois estranhos gritando um com o outro –, e ele sentiu o absurdo e a ternura da situação.

Ser ambicioso a respeito da prática das *paramitas* é uma preparação para o fracasso. Quando desistimos da esperança de fazer tudo direito e do medo de fazer errado, compreendemos que tanto ganhar quanto perder são aceitáveis. Em qualquer dos casos, nada temos a que nos agarrar. De momento a momento, estamos viajando para a outra margem.

A *paramita* do entusiasmo está ligada à alegria. Ao praticar essa *paramita*, como crianças que aprendem a andar, treinamos com vigor, mas sem uma meta. Essa energia alegre, elevada, não é uma questão de sorte. Ela requer um treinamento contínuo de atenção plena e *maitri*, de dissolução das barreiras e de abrir o coração. O entusiasmo irá emergir ao aprendermos a relaxar na insegurança. Praticamos o que chamamos de tripla pureza – não importa o agente, não importa a ação, não importa o resultado. Esse alegre esforço tem suas raízes na ausência de expectativa, na ausência de ambição e na ausência de esperança de qualquer recompensa. Simplesmente, energicamente, colocamos um pé na frente do outro e não ficamos desencorajados ao cairmos de cara no chão. Agimos sem autocongratulação ou autocensura, sem medo da crítica e sem esperar aplauso.

Com a continuidade da prática, descobrimos como cruzar a fronteira entre o atoleiro e o despertar. Depende de nossa disposição de experimentar diretamente os sentimentos que temos evitado por muitos anos. Essa disposição de permanecermos abertos àquilo que nos assusta enfraquece nossos hábitos de fuga. Essa é a maneira pela qual o apego ao ego se areja e começa a desvanecer.

A tripla pureza é também a essência da meditação *paramita*. Quando sentamos para meditar, deixamos para trás a ideia do meditador perfeito, da meditação ideal e, também, dos resultados preconcebidos. Treinamos simplesmente estar presentes. Abrimo-nos completamente à dor e ao prazer de nossa vida. Treinamos a precisão, a gentileza e o desprendimento. Ao vermos nossos pensamentos e emoções com compaixão, paramos de lutar contra nós mesmos. Aprendemos a reconhecer quando estamos tensos e a confiar em que podemos nos soltar. Dessa forma, os bloqueios criados por nossos hábitos e preconceitos começam a desmoronar. Dessa maneira, a sabedoria que estávamos bloqueando – a sabedoria da boditchita – fica disponível.

Estas são, portanto, as seis atividades do guerreiro:

- *Generosidade*. Dar como um caminho para aprender a soltar.
- *Disciplina*. Treinar para não causar mal, de maneira ousada e flexível.
- *Paciência*. Treinar para permanecer com a inquietude de sua energia e para permitir que as coisas evoluam em seu próprio ritmo. Se o despertar demorar para sempre, ainda assim, avançar momento a momento, desistindo de qualquer esperança de recompensa e apreciando o processo.
- *Alegre entusiasmo*. Soltar o perfeccionismo e se conectar à qualidade viva de cada momento.

- *Meditação*. Treinar retornar, para estar exatamente aqui, gentilmente e com precisão.
- *Prajna*. Cultivar uma mente aberta e inquisitiva.

Com essas seis atividades do bodisatva, aprendemos como viajar para a outra margem e fazemos o melhor que podemos para levar conosco todos aqueles que pudermos encontrar.

DEZOITO

A AUSÊNCIA DE CHÃO

> *A prática diária é simplesmente para desenvolver uma aceitação e uma abertura completas para com todas as situações e emoções, e para com todas as pessoas, experimentando tudo, totalmente, sem reservas ou bloqueios mentais, de modo que nunca nos recolhamos ou nos centralizemos em nós mesmos.*
> – DILGO KHYENTSE RINPOCHE

Certa vez o Buda reuniu seus discípulos em um local conhecido como a Montanha do Pico dos Abutres. Lá, ele apresentou alguns ensinamentos revolucionários sobre a dimensão totalmente aberta de nosso ser, sem chão para se firmar, conhecida por *shunyata*, boditchita incondicional ou *prajnaparamita*.

O Buda já estivera, por algum tempo, ensinando sobre a ausência de chão. Muitos dos discípulos, lá na Montanha do Pico dos Abutres, tinham uma profunda compreensão da impermanência, da ausência de ego e da verdade de que nada – inclusive nós mesmos – é sólido ou previsível. Eles compreendiam o sofrimento que resulta do apego e da fixação. Aprenderam isso do próprio Buda e experimentaram sua profundidade durante a meditação. Mas o Buda sabia que a nossa tendência de procurar chão firme está profundamente enraizada. O ego pode usar qualquer artifício para manter a ilusão de segurança, inclusive a crença na insubstancialidade e na mudança.

Então o Buda fez algo chocante. Com os ensinamentos da *prajnaparamita*, ele puxou de vez o tapete, levando seus discípulos ainda mais para a ausência de chão. Ele disse à assembleia que eles deveriam abrir mão do que quer que acreditassem e que se apoiar em qualquer descrição da realidade era uma armadilha. Para a assembleia, essa não foi uma novidade agradável de ouvir.

Isso me lembra da história de Krishnamurti, que foi educado pelos teosofistas para ser o avatar. Os anciãos diziam continuamente aos outros discípulos que, quando o avatar se manifestasse por completo, seus ensinamentos seriam eletrizantes e revolucionários, abalando os fundamentos de suas crenças. Isso se revelou verdadeiro, mas não exatamente da maneira que eles imaginaram. Quando se tornou o chefe da Ordem da Estrela, Krishnamurti reuniu toda a sociedade e oficialmente a dissolveu, dizendo que ela era maléfica porque lhes proporcionava segurança em demasia.

Para os discípulos do Buda, a experiência do Pico dos Abutres foi algo parecido. Ela varreu todas as concepções prévias que eles tinham da natureza da realidade. A principal mensagem do Buda naquele dia foi que se apegar a *qualquer coisa* bloqueia a sabedoria. Precisamos abrir mão de *quaisquer* conclusões a que possamos chegar. A única maneira de compreender completamente os ensinamentos da boditchita, a única maneira de praticá-los plenamente é permanecer na abertura incondicional da *prajnaparamita*, eliminando pacientemente todas as nossas tendências de nos apegarmos.

Durante esse ensinamento, conhecido como *O Sutra do Coração*, o Buda, na verdade, não disse uma só palavra. Ele entrou em um estado de meditação profunda e permitiu que o bodisatva da compaixão, Avalokiteshvara, tomasse a palavra. Esse guerreiro corajoso, também conhecido por Kuan-yin, expressou sua experiência da *prajnaparamita*, representando o Buda. Seu insight não era baseado no intelecto, mas teve origem na sua prática. Ele via claramente que tudo é vacuidade. Então, um dos principais discípulos do Buda, um monge chamado Shariputra, começou a questionar Avalokiteshvara. Esse é um ponto importante. Mesmo que um grande bodisatva estivesse ensinando e que o Buda estivesse claramente no comando, o significado profundo somente emergiu por intermédio do questionamento. Nada foi aceito de maneira complacente ou por fé cega.

Shariputra é um modelo de comportamento para nós, como estudantes. Ele não estava disposto a simplesmente aceitar o que ouvia, ele queria saber por si mesmo o que era verdade. Portanto, perguntou a Avalokiteshvara: "Em todas as palavras, ações e pensamentos de minha vida, como eu aplico a *prajnaparamita*? Qual é a chave para o treinamento dessa prática? Que visão devo adotar?"

Avalokiteshvara respondeu com o mais famoso dos paradoxos do budismo: "Forma é vacuidade, vacuidade também é forma. Vacuidade nada mais é do que forma, forma nada mais é do que vacuidade." Quando ouvi isso pela primeira vez, não tinha a menor ideia do que ele estava falando. Minha mente ficou completamente em branco. Sua explicação, como a própria *prajnaparamita*, é inexprimível, indescritível e inconcebível. A forma é aquilo que simplesmente é, antes de projetarmos nossas crenças sobre ela. A *prajnaparamita* representa uma visão completamente nova, uma mente desimpedida na qual qualquer coisa é possível.

Prajna é a expressão não filtrada do ouvido aberto, do olho aberto, da mente aberta, e é encontrada em qualquer ser vivente. Thich Nhat Hanh traduz a palavra como "compreensão". É um processo fluido, não algo definido e concreto, que possa ser contado ou medido.

A *prajnaparamita*, essa inexpressibilidade, é a nossa experiência humana. Ela não é considerada especialmente como um estado pacífico da mente, ou como um estado perturbado. É um estado de inteligência básica, que é aberta, questionadora e imparcial. Se ela se apresenta sob a forma de curiosidade, confusão, choque ou relaxamento, realmente não vem ao caso. Treinamos quando somos pegos de surpresa e quando nossa vida está solta no ar.

Treinamos, como disse Trungpa Rinpoche, "não ter medo de ser um tolo". Cultivamos um relacionamento simples e direto com o nosso ser – sem filosofar, sem moralizar e sem julgar. Podemos lidar com o que quer que nos venha à mente.

Portanto, quando Avalokiteshvara diz "Forma é vacuidade", ele está se referindo a esse relacionamento simples e direto com a proximidade da experiência – contato direto com o sangue, suor e flores, com o amor e também com o ódio. Primeiro, varremos nossas concepções prévias e, então, temos até mesmo que abandonar nossa crença em que deveríamos olhar as coisas sem concepções prévias. Continuamos a puxar nosso próprio tapete. Quando percebemos a forma como vacuidade, sem quaisquer barreiras ou véus, compreendemos a perfeição das coisas assim como elas são. Poderíamos ficar viciados nessa experiência. Ela poderia nos proporcionar uma sensação de libertação da dubiedade de nossas emoções e a ilusão de que seríamos capazes de pairar acima da confusão de nossa vida.

Mas "Vacuidade também é forma" inverte a situação. A vacuidade se manifesta continuamente como guerra e paz, como tristeza, nascimento, velhice, doença e saúde, bem como alegria. Somos desafiados a permanecer em contato com a qualidade pulsante de estarmos vivos. Por isso treinamos as práticas da boditchita relativa, das quatro qualidades incomensuráveis e de *tonglen*. Elas nos auxiliam a nos ligarmos totalmente na vívida qualidade da vida com uma mente aberta e desanuviada. As coisas são tão ruins, e tão boas, quanto parecem. Não há necessidade de acrescentar nada extra.

Imagine um diálogo com o Buda. Ele pergunta: "Como você percebe a realidade?" E respondemos honestamente, dizendo: "Percebo-a como sólida e separada de mim." Ele diz: "Não, olhe mais profundamente."

Então, saímos e meditamos e, sinceramente, contemplamos essa questão. Voltamos ao Buda e dizemos: "Agora eu sei a resposta. A resposta é que tudo não é sólido, tudo é vazio." E ele diz: "Não. Olhe mais profundamente." Nós dizemos: "Bem, isso é impossível. É de um jeito ou de outro: vazio ou não vazio, certo?" E ele diz: "Não." Se ele fosse nosso chefe, talvez não ligássemos, mas esse é o Buda e, então, pensamos: "Talvez eu tenha que ficar por aqui mais um pouco e continuar com essa irritação que estou sentindo por não estar recebendo qualquer satisfação."

Então, meditamos e contemplamos essa questão. Nós a discutimos com nossos amigos. Da próxima vez que vemos o Buda, dizemos: "Acho que posso responder à sua pergunta. Tudo é simultaneamente vazio e não vazio." E ele diz: "Não." Acredite em mim, estaremos nos sentindo muito sem chão, e isso significa que estamos abalados. É desconfortável não conseguir ter um chão sob nossos pés. Mas, aqui, o processo é de desmascarar: mesmo que estejamos irritados e ansiosos, estamos nos aproximando de ver a verdadeira natureza não fixada da mente. Como "não" é tudo que conseguimos receber do Buda, vamos para casa e passamos o próximo ano tentando resolver esse enigma. É como um *koan* Zen.

Finalmente, voltamos e dizemos: "Muito bem. Existe somente uma resposta possível. A natureza da realidade é que ela nem existe nem inexiste. Ela não é nem forma nem vacuidade." E nos sentimos bem! Essa é uma bela resposta sem chão. Mas o Buda diz: "Não, esse é um entendimento muito limitado." Talvez, nesse ponto, o seu "não" seja um tal choque que experimentemos a mente totalmente aberta da *prajnaparamita*, a mente que se satisfaz quando não há absolutamente nenhuma base em que se apoiar.

Depois que Avalokiteshvara contou a Shariputra que "forma é vacuidade; vacuidade também é forma", ele foi mais além, apontando que não existe nada – nem mesmo os ensinamentos do Buda – a que se agarrar: não existem as três marcas da existência, nem o sofrimento ou o fim do sofrimento, nem aprisionamento ou liberação. A história conta que muitos dos discípulos ficaram tão abalados com esses ensinamentos que sofreram ataques cardíacos. Um mestre tibetano sugeriu que o mais provável é que eles tenham levantado e simplesmente abandonado a palestra. Como os teosofistas com Krishnamurti, isso era algo que eles não queriam ouvir. Exatamente como nós. Não gostamos de ter nossas premissas básicas desafiadas. É por demais ameaçador.

Se esse ensinamento tivesse vindo somente de Avalokiteshvara, os discípulos poderiam ter sido capazes de racionalizar seus temores. "Ele é somente um guerreiro no caminho, não é tão diferente de nós. Ele é muito sábio e compassivo, é claro, mas sabe-se de ocasiões em que ele errou." Mas o Buda estava ali, sentado em profunda meditação, claramente satisfeito com essa explicação de como permanecer na *prajnaparamita*. Não existia uma saída para esse dilema.

Então, inspirado nos questionamentos de Shariputra, Avalokiteshvara continuou. Ele ensinou que, quando compreendermos que não há um objetivo final a alcançar, nenhuma resposta definitiva ou ponto final, quando nossa mente estiver livre de emoções conflitantes e da crença na separação, então não mais teremos medo. Quando ouvi isso, muitos anos atrás, antes mesmo de ter qualquer interesse em um caminho espiritual, acendeu-se uma pequena luz: eu, com certeza, queria saber mais a respeito de "não ter medo".

Essa instrução sobre a *prajnaparamita* é um ensinamento sobre o destemor. À medida que deixamos de lutar contra a incerteza e a ambiguidade, vamos dissolvendo nosso medo. O sinônimo de total destemor é completa iluminação – interação sincera e de mente aberta com o nosso mundo. Enquanto isso, treinamos mover-nos pacientemente nessa direção. Aprendendo a relaxar na ausência de chão, gradualmente nos conectamos com a mente que não conhece o medo.

Então, Avalokiteshvara proclamou o cerne da *prajnaparamita*, a essência da experiência de "puxar o tapete", a essência do estado mental destemido e aberto. E ele o fez na forma de um mantra: OM GATE GATE PARAGATE PARASAMGATE BODHI SVAHA. Da mesma forma que a semente contém a árvore, esse mantra contém a totalidade dos ensinamentos sobre repousar na *prajnaparamita*, repousar na ausência de medo.

A tradução de Trungpa Rinpoche é: "OM, ido, ido, ido além, ido completamente além, desperto, assim seja." Essa é a descrição de um processo, uma viagem, de avançar sempre, mais e mais. Poderíamos também dizer: "OM, sem chão, sem chão, mais sem chão, mesmo além de sem chão, completamente desperto, assim seja."

Não importando onde estejamos no caminho do bodisatva, se estamos no início ou se já praticamos por anos, estamos sempre avançando mais e mais no estado sem chão. A iluminação não é o fim de algo. A iluminação, estar completamente desperto, é somente o começo do entrar completamente sabe-se lá onde.

Quando o grande bodisatva terminou de ensinar, o Buda saiu de sua meditação e disse: "Bom, bom! Você o expressou com perfeição, Avalokiteshvara." E aqueles na audiência que não tinham se retirado nem morrido de um ataque do coração se regozijaram. Eles se regozijaram ao ouvir esse ensinamento sobre ir além do medo.

DEZENOVE

Neurose exacerbada

O "segredo" da vida, que todos procuramos, é somente o seguinte: desenvolver, por meio da prática da meditação e da prática da vida diária, o poder e a coragem para voltar para aquilo de que passamos toda a vida tentando nos esconder, para permanecer completamente na experiência do momento presente – mesmo que essa seja uma sensação de humilhação, de fracasso, de abandono ou de injustiça.

– CHARLOTTE JOKO BECK

Quando falamos em repousar na *prajnaparamita*, na boditchita incondicional, o que estamos pedindo a nós mesmos? Estamos sendo encorajados a permanecer abertos para a incerteza do momento presente, a participar direta e desarmadamente da nossa experiência. Com certeza, não nos está sendo pedido que confiemos em que tudo terminará bem. Mover-se na direção de onde não há pontos de apoio é ousado. Inicialmente, não sentiremos que essa é uma maneira excitante, viva e maravilhosa de ser. Quantos de nós se sentem preparados para interromper nossos padrões habituais, nossas quase instintivas maneiras de obter conforto?

Poderíamos assumir que, ao nos treinarmos na boditchita, os nossos padrões habituais vão começar a perder força – dia após dia, mês após mês, nos tornaremos mentalmente mais abertos, mais flexíveis, mais guerreiros. Mas, na realidade, o que acontece é que, com a continuidade da prática, os nossos padrões se intensificam. No budismo vajrayana isso é chamado de "neurose exacerbada". Não é algo que fazemos de propósito. Simplesmente acontece. Sentimos o cheiro da falta de chão e, apesar dos nossos desejos de permanecermos firmes, abertos e flexíveis, agarramo-nos ferrenhamente às nossas maneiras habituais.

Essa tem sido a experiência de todos que já enveredaram pelo caminho do despertar. Todas aquelas pessoas sorridentes e iluminadas, que você vê em fotografias ou em pessoa, tiveram que passar pelo processo de se encontrar com suas neuroses, com força total, e com seus métodos de procurar chão. Quando começamos a deixar de recorrer aos nossos procedimentos habituais de nos menosprezar ou de nos congratular, estamos fazendo algo extremamente corajoso. Vagarosamente, aproximamo-nos do estado aberto, mas, encaremos o fato, estaremos nos movendo para um local onde não há apoios para as mãos, para os pés ou para a mente. Isso pode ser chamado de liberação, mas, por um longo tempo, a sensação é de insegurança.

Deixe-me dar alguns exemplos de neuroses exacerbadas que, na realidade, se desenvolvem *pelo fato* de praticarmos. Uma é desenvolver um novo enredo de autocrítica, baseado em ideais espirituais. Usamos a prática para reforçar a mentalidade da pobreza: o treinamento do guerreiro se torna somente uma maneira a mais de sentirmos que nunca estamos à altura. Se treinamos para nos tornarmos "bons" guerreiros ou para nos livrarmos de ser pessoas "más", nosso pensamento permanecerá polarizado da mesma forma, tão preso ao certo e errado como estava antes. Usaremos o treinamento contra nós mesmos, tentando passar por cima dos assuntos que estamos evitando, de modo que possamos alcançar alguma noção idealizada de perfeição. Não estou querendo dizer que isso é raro. Bem-vindos à raça humana. Por causa de nosso treinamento, no entanto, podemos começar a ver claramente o que estamos fazendo e praticar um exame compassivo do nosso próprio processo, nos perguntando: O que está acontecendo comigo, psicologicamente? Eu me sinto inadequado? Continuo a acreditar nos mesmos velhos dramas?

Existe, também, o cenário oposto. Usamos nosso treinamento para nos sentirmos superiores, para aumentar nosso sentimento de sermos especiais. Somos corajosos para fazer esse treinamento. Estamos virando nossa vida pelo avesso. Estamos orgulhosos de fazer algo tão raro neste mundo. Usamos a prática e os ensinamentos para reforçar nossa autoimagem e para aumentar nossa arrogância e nosso orgulho.

Outra neurose que pode ser exacerbada é a fuga. Desejamos abandonar nossa bagagem inútil, mas, no processo, usamos os próprios ensinamentos para nos distanciarmos da qualidade caótica e instável de nossa vida. Numa tentativa de evitar o fato de nosso parceiro ser um alcoólatra, ou de sermos viciados em maconha, ou de estarmos envolvidos em mais um relacionamento abusivo, treinamos seriamente relaxar na condição espaçosa de abertura e de coração caloroso. Tentamos usar nosso treinamento espiritual para evitar aquela sensação de frio na espinha.

O ponto é que traremos nossa maneira habitual de colar nossos pedaços diretamente para a prática da boditchita, direto para dentro do nosso treinamento em descolar. Se quisermos algum insight dos nossos padrões habituais, podemos olhar para como estamos nos relacionando com nossa prática, com os ensinamentos e com o mestre. Estamos esperando ter as nossas necessidades satisfeitas, da mesma maneira que fazemos em qualquer relacionamento neurótico? Estamos usando a espiritualidade para desviar daquilo que nos assusta? Não é fácil perceber que, usando as mesmas velhas maneiras, ainda estamos procurando por chão.

Ao tentarmos sair de nosso casulo, corremos o risco de ficar com medo e nos agarrar ao que nos é familiar. Sem paciência constante e gentileza para com esse processo inevitável, nós nunca viremos a confiar em que é sábio e compassivo relaxar no estado de ausência de ego. Aos poucos, devemos desenvolver a confiança em que é libertador "soltar". Treinamos continuamente *maitri*. Leva tempo desenvolver entusiasmo pela sensação de permanecer aberto.

O primeiro passo é compreender que a sensação de medo ou de desconforto emocional poderia ser simplesmente um sinal de que velhos hábitos estão sendo liberados, de que estamos nos aproximando do estado aberto natural. Trungpa Rinpoche disse que, durante o despertar, os guerreiros se encontrariam em um estado de constante ansiedade. Eu descobri, pessoalmente, que isso é verdade. Depois de algum tempo, cheguei à conclusão de que, como a tremedeira não ia embora, era melhor passar a conhecê-la. Quando a nossa atitude em relação ao medo se torna mais acolhedora e inquisitiva, uma mudança fundamental acontece. Em vez de passarmos a vida tensos, como se estivéssemos na cadeira do dentista, aprendemos que podemos nos conectar ao frescor do momento e relaxar.

A prática é a investigação compassiva dos nossos humores, das nossas emoções, dos nossos pensamentos. Praticar a investigação compassiva das nossas reações e estratégias é fundamental no processo de despertar. Somos aconselhados a ser curiosos sobre a neurose que pode se manifestar quando nossos mecanismos de luta começam a desmoronar. É assim que chegamos ao lugar onde deixamos de acreditar em nossos mitos pessoais, onde não estamos sempre divididos contra nós mesmos, sempre resistindo à nossa própria energia. É assim que aprendemos a permanecer na *prajnaparamita*.

Essa é uma prática contínua. A partir do momento em que começamos esse treinamento do bodisatva e até confiarmos totalmente na liberdade de uma mente não condicionada e imparcial, estaremos nos rendendo, momento a momento, ao que quer que esteja acontecendo exatamente neste instante. Com precisão e gentileza, abandonamos nossas queridas maneiras de ver a nós mesmos e os outros, nossas queridas maneiras de manter tudo inteiro, nossas queridas maneiras de bloquear a boditchita. Fazemos isso repetidas vezes, durante muitos anos desafiadores e inspiradores, e, nesse processo, desenvolvemos o gosto pela ausência de chão.

VINTE

QUANDO AS COISAS FICAM DIFÍCEIS

Não dependa das circunstâncias externas.
– MÁXIMA DO TREINAMENTO DA MENTE DE ATISHA

O conselho mais direto sobre despertar a boditchita é o seguinte: pratique o não causar mal a ninguém – nem a você mesmo nem aos outros – e, todos os dias, faça o que puder para ser útil. Se estivermos convictos dessa instrução e começarmos a segui-la, provavelmente verificaremos que não é tão fácil. Antes de percebermos, alguém nos terá provocado e, direta ou indiretamente, teremos causado mal.

Portanto, quando nossa intenção é sincera mas as coisas ficam difíceis, a maioria de nós irá precisar de alguma ajuda. Seria bom se tivéssemos alguma instrução fundamental sobre como facilitar as coisas e inverter nossos bem estabelecidos hábitos de agredir e culpar.

Os quatro métodos usados para ficarmos firmes nos fornecem exatamente esse apoio no desenvolvimento da paciência para permanecermos abertos ao que está acontecendo em vez de agirmos no piloto automático. São eles:

1. Não montar o alvo para a flecha.
2. Conectar-se com o coração.
3. Ver os obstáculos como mestres.
4. Ver tudo que ocorre como um sonho.

Primeiro, se não montarmos o alvo, ele não poderá ser atingido por uma flecha. Isso quer dizer que, a cada vez que retaliarmos, com palavras e ações agressivas, estaremos reforçando o hábito da raiva. Enquanto fizermos isso, muitas flechas, sem dúvida, virão contra nós. Ficaremos cada vez mais irritados com as reações dos outros. No entanto, cada vez que somos provocados nos é dada a oportunidade de fazer algo diferente. Podemos reforçar nossos hábitos, montando o alvo, ou podemos enfraquecê-los, ficando firmes.

Cada vez que nos sentamos, imóveis, com a inquietude e com o calor da raiva, somos domados e fortalecidos. Essa instrução é para o cultivo da raiz da felicidade. Cada vez que agimos sob a influência da raiva, ou a sufocamos, aumentamos a nossa agressão; nos tornamos cada vez mais como um alvo móvel. Então, com o passar dos anos, quase tudo nos enraivece. Essa é a chave para compreender, em um nível completamente real e pessoal, como semeamos o sofrimento.

Portanto, este é o primeiro método: lembre-se de que montamos o alvo e que somente nós poderemos desmontá-lo. Compreenda que, se nos mantivermos estáveis – mesmo que brevemente – quando quisermos retaliar, estaremos começando a dissolver um padrão de agressão que continuará a ferir para sempre, a nós e aos outros, se o permitirmos.

A segunda instrução é para se conectar com o coração. Em momentos de raiva, podemos entrar em contato com a ternura e a compaixão que já possuímos.

Quando alguém que está insano começa a nos ferir, podemos facilmente compreender que essa pessoa não sabe o que está fazendo. Existe a possibilidade de entrarmos em contato com nosso coração e sentirmos tristeza por ela estar fora de controle e, ao ferir os outros, estar causando mal a si mesma. Existe a possibilidade de, apesar de sentirmos medo, não estarmos sentindo ódio ou raiva. Em vez disso, poderíamos nos sentir inspirados a ajudar essa pessoa, se pudermos.

Na realidade, um lunático é bem menos louco do que uma pessoa sã que nos faça mal, pois a chamada pessoa sã possui o potencial para compreender que, ao agir agressivamente, estará semeando suas próprias confusão e insatisfação. Sua agressão atual está reforçando hábitos futuros, mais intensos, de agressão. Ela está criando sua própria novela. Esse tipo de vida é doloroso e solitário. Aquela pessoa que nos causa mal está sob a influência de padrões que poderiam continuar, para sempre, a produzir sofrimento.

Portanto, este é o segundo método: conecte-se com o coração. Lembre-se de que aquele que nos faz mal não precisa de mais provocações, assim como nós também não precisamos. Reconheça que, exatamente como nós, milhões estão queimando nas chamas da agressão. Podemos nos sentar com a intensidade da raiva e deixar que sua energia nos torne humildes e mais compassivos.

A terceira instrução é para ver os obstáculos como mestres. Se não houver um mestre por perto, para dar orientação sobre como parar de causar mal, não se preocupe! A própria vida irá proporcionar as oportunidades para o aprendizado de como ficarmos firmes. Se não houvesse um vizinho sem noção, como encontraríamos a oportunidade de praticar a paciência? Sem o tirano do escritório, como poderíamos vir a conhecer tão intimamente a energia da raiva a ponto de ela perder seu poder de destruição?

O mestre está sempre conosco. O mestre está sempre nos mostrando precisamente onde estamos – nos encorajando a não falar e agir do mesmo velho modo neurótico, nos encorajando, também, a não reprimir ou dissociar, nos encorajando a não plantar as sementes do sofrimento. Portanto, nós revidamos essa pessoa que nos está amedrontando ou insultando, como já fizemos milhares de vezes antes, ou começamos a ficar espertos e, finalmente, nos mantemos firmes?

Exatamente no ponto em que estamos prontos para explodir, ou para nos retirarmos no esquecimento, podemos nos lembrar disto: somos guerreiros em treinamento, sendo ensinados a como sentar com o nervosismo e com o desconforto. Estamos sendo desafiados a permanecer e relaxar onde estamos.

O problema ao seguir essas ou quaisquer outras instruções é que temos a tendência de ser demasiadamente sérios e rígidos. Ficamos tensos e nervosos ao tentarmos relaxar e ser pacientes.

É aqui que entra a quarta instrução: pensar sobre a pessoa que está com raiva, sobre a raiva propriamente dita e sobre o objeto dessa raiva como um sonho irá nos ajudar. Podemos ver a nossa vida como um filme no qual fazemos, temporariamente, o papel do ator principal. Em vez de lhe dar tanta importância, podemos refletir sobre a falta de essência da nossa situação atual. Podemos reduzir a velocidade e nos perguntar: "Quem é esse *eu* monolítico, que ficou tão ofendido? E quem é essa outra pessoa que consegue me provocar dessa maneira? O que são esse elogio e essa censura que me fisgam como a um peixe, que me pegam como a um camundongo em uma ratoeira? Como é que essas circunstâncias têm o poder de me impelir, como uma bola de pingue-pongue, da esperança ao medo, da felicidade ao sofrimento?" Essa grande luta, esse grande *eu* e esse grande outro poderiam, todos, perder consideravelmente sua importância.

Contemple essas circunstâncias externas, essas emoções e esse enorme senso do *eu* como passageiros e desprovidos de essência, como uma lembrança, um filme, um sonho. Quando despertamos, sabemos que os inimigos, em nossos sonhos, são uma ilusão. Essa compreensão corta o pânico e o medo.

Quando nos tornamos presas da agressão, podemos nos lembrar disto: não existe base para explodir ou para reprimir. Não existe base para o ódio ou para a vergonha. Podemos, pelo menos, começar a questionar nossas pressuposições. Será possível que – acordados ou dormindo – estejamos simplesmente passando de um estado de sonho a outro?

Esses quatro métodos de transformar a raiva e de aprender um pouco de paciência chegaram a nós por intermédio dos mestres Kadampa, do Tibete, do século XI. Essas instruções forneceram encorajamento a bodisatvas iniciantes no passado e são úteis do mesmo modo no presente. Os mesmos mestres Kadampa nos aconselharam a não procrastinar. Eles nos apressam para usarmos essas instruções imediatamente – neste mesmo dia e nesta mesma situação – e para não dizermos a nós mesmos: "Vou tentar isso no futuro, quando tiver um pouco mais de tempo."

VINTE E UM

O AMIGO ESPIRITUAL

A verdadeira função do amigo espiritual é insultar você.
– CHÖGYAM TRUNGPA RINPOCHE

Guerreiros em treinamento precisam de alguém que os guie – um mestre guerreiro, um professor, um amigo espiritual, alguém que conheça bem o território e que possa ajudá-los a encontrar o caminho. Existem diferentes níveis no relacionamento entre professor e aluno. Para algumas pessoas, ler um livro ou ouvir os ensinamentos de um professor específico já é suficiente. Outras podem querer se tornar um aluno daquele professor – pedindo orientação de vez em quando. Esse tipo de relacionamento é valioso para muitos. É raro que os alunos se sintam, inicialmente, prontos para um compromisso incondicional com um professor, de modo a trabalhar intimamente as áreas que procuram evitar. Não são muitos aqueles que têm tanta confiança assim em outra pessoa, tanta disposição para serem vistos sem suas máscaras. É sábio, na verdade, não nos apressarmos em assumir esse tipo de relacionamento sem, antes, desenvolvermos *maitri* para conosco e a convicção de que esse professor em particular é confiável. Esses são os pré-requisitos para se assumir um compromisso mais profundo com um amigo espiritual.

Em 1974, quando perguntei a Trungpa Rinpoche se eu poderia ser sua aluna, eu não estava preparada para assumir um relacionamento incondicional. No entanto, pela primeira vez na vida, eu havia encontrado uma pessoa que não estava presa, uma pessoa cuja mente nunca era arrastada. Compreendi que, guiada por ele, isso também seria possível para mim. Fui atraída para ele porque não conseguia manipulá-lo; ele sabia como ver através das fantasias dos outros. Eu senti esse "ver através" como ameaçador, mas de um modo muito revigorante. Ainda assim, levei anos para desenvolver confiança e *maitri* pessoal suficientes para me entregar por completo ao relacionamento. Aproximar-se de alguém tão perigoso para o ego leva tempo.

O relacionamento com um professor pode evoluir ao ponto de confiança e amor incondicionais ou não. Precisamos confiar no processo. Em qualquer dos casos, o relacionamento com um professor nos encoraja a confiar em nossa sabedoria fundamental. Ele nos ensina a sermos firmes com nós mesmos. Na tradição do guerreiro diz-se que tanto o professor quanto o aluno estão totalmente despertos, que entre o professor e o aluno pode existir um encontro de mentes. O papel do professor é ajudar o aluno a compreender que sua mente desperta e a mente do professor são a mesma. Em algum ponto ocorre uma importante mudança de lealdade. Em vez de sempre nos identificarmos com nossas neuroses, começamos a ter confiança em nossa inteligência e nossa bondade fundamental. Essa é uma mudança significativa. Sem desenvolver essa confiança básica em nós mesmos, é impossível prosseguirmos com um professor.

No entanto, uma vez que estejamos preparados para entrar em um relacionamento incondicional, este nos ensinará como ficarmos estáveis em qualquer situação. Entrar nesse nível de comprometimento com uma pessoa nos prepara para ficarmos abertos não somente para o professor, mas também para a totalidade da nossa experiência. O professor é um ser humano completamente desenvolvido, não um ideal espiritual. Nesse relacionamento, como em qualquer outro, iremos experimentar gostos e desgostos. Poderemos nos encontrar bem no meio do caos e da insegurança. Esse relacionamento nos mostrará se nosso coração é grande o suficiente para acolher toda a gama de experiências da vida – não somente a parte que aprovamos. Até o ponto que somos capazes de permanecer firmes com nosso amigo espiritual, até esse ponto podemos permanecer firmes com o mundo como ele é, com toda a sua violência e sua ternura, com sua maldade e seus momentos de coragem. Verificamos que estamos nos abrindo de uma maneira que nunca pensamos ser possível.

O treinamento bodisatva nos encoraja a ter um envolvimento apaixonado com a vida, não considerando nenhuma emoção ou ação como indigna de nosso amor e de nossa compaixão, não considerando nenhuma pessoa ou situação como inaceitável. Portanto, esse caminho exige disciplina e precisa, também, de orientação. A questão é quanto de orientação estamos preparados para aceitar. Na ausência de um conjunto estreito e restritivo de regras, precisamos de alguém que nos mostre, quando isso ocorrer, que estamos fora dos trilhos, alguém que ouviríamos.

O que quer que façamos, o professor é extraordinariamente adaptável e leal ao processo do nosso despertar. Esse mestre guerreiro serve como um espelho que nos mostra nossa mente com uma precisão constrangedora. Quanto mais confiarmos em nós mesmos e no professor, mais permitiremos que ocorra esse espelhamento. Nós nos dirigimos, devagar, na direção de permitir que qualquer pessoa que encontremos seja nosso professor. Nós nos tornamos mais capazes de compreender a máxima do treinamento da mente: "Seja grato a todos."

No entanto, não pensamos no professor como detentor de toda a sabedoria, ao passo que não temos nenhuma. Existe esperança e medo em demasia nesse tipo de arranjo. Se me tivessem aconselhado a nunca questionar meus professores, eu não teria durado muito como aluna. Fui sempre encorajada a usar minha inteligência crítica e a expressar minhas preocupações, sem medo. Na realidade, fui aconselhada a questionar a autoridade e as regras.

É importante compreender que a mente do professor e a do aluno se encontram não por estar o professor totalmente certo ou totalmente errado, mas na ambiguidade entre essas duas visões, na capacidade dessas mentes de conterem a incerteza e o paradoxo. Do contrário, nossa adulação inevitavelmente se transformaria em desilusão. Fugimos quando o professor não se encaixa em nossas concepções prévias. Não gostamos de suas opiniões políticas, ou do fato de ele comer carne, beber álcool ou fumar cigarros. Saímos de lá porque não gostamos da mudança na política organizacional ou porque nos sentimos desconsiderados ou negligenciados. Ficamos, por um período de lua de mel, dotando o relacionamento de todos os nossos desejos de sermos amados de uma maneira ideal, descomplicada. Então, inevitavelmente, nossas expectativas são frustradas e emergem as questões emocionais não resolvidas. Sentimo-nos usados, traídos e desiludidos. Não queremos nutrir esses sentimentos dolorosos e então vamos embora.

O ponto principal é, sempre, como trabalhamos nossa mente. Uma vez encaixada em visões sólidas de justificações ou de recriminações, nossa mente se torna muito pequena. Fechar-se de qualquer forma causa a escalada do sofrimento. Nossas visões sólidas podem assumir a forma de "o professor é perfeito e nunca erra" ou "o professor é um charlatão e nunca poderei confiar nele". Ambas são expressões de congelamento da mente. Gostamos de falar sobre a mente vasta, aberta, completamente clara e espaçosa. Mas podemos permanecer na abertura que se apresenta quando o chão desaba sob nosso sonho?

Mesmo que realmente deixemos o professor, se pudermos ficar com a dor e o desapontamento, sem justificativas ou condenações, esse professor nos terá ensinado bem. Praticar nessas condições pode ser o exemplo definitivo da máxima: "Se puder praticar mesmo quando estiver distraído, você estará bem treinado."

Ao trabalhar com um amigo espiritual, aprendemos a amar de uma maneira aberta – a amar e a sermos amados incondicionalmente. Não estamos acostumados a esse tipo de amor. É o que todos nós queremos, mas é o que todos nós temos dificuldade para dar. No meu caso, eu aprendi como amar e ser amada observando o meu professor. Quando vi quão incondicionalmente ele amava as outras pessoas, eu comecei a confiar em que ele podia amar também a mim. Eu vi, por mim mesma, o que significa nunca desistir de ninguém.

Certa vez, aconteceu algo nesse sentido que me afetou profundamente. Um dos alunos mais antigos de Trungpa Rinpoche, Joe, estava passando por dificuldades emocionais, causando problemas a todo mundo. O Rinpoche parecia ignorar as reclamações dos outros alunos sobre o comportamento agressivo de Joe. No entanto, quando Joe agrediu ferozmente uma mulher e a estapeou, o Rinpoche gritou: "Fora! Eu quero você fora daqui, agora! Eu não quero mais ver a sua cara!" Joe saiu, em estado de choque. Os outros alunos se reuniram em volta do Rinpoche, dizendo: "Estamos tão contentes que tenha se livrado do Joe. Ele fez essa coisa horrível ontem, e essa coisa horrorosa essa manhã... Obrigado por tê-lo mandado embora." O Rinpoche se empertigou, firmemente, e disse: "Acho que vocês não entenderam: Joe e eu somos grandes amigos." Eu acho que Trungpa Rinpoche se colocaria na frente de um trem em alta velocidade, se achasse que isso nos ajudaria a despertar.

Esse compromisso incondicional, conosco e com os outros, é o que significa amor sem limites. O amor do professor pelo aluno se manifesta como compaixão. O amor do aluno pelo professor é devoção. Esse calor mútuo, essa ligação de corações, permite que haja um encontro de mentes. É essa espécie de amor que doma os seres indomáveis e ajuda os bodisatvas em treinamento a irem além dos lugares que já conhecem. O relacionamento com nosso amigo espiritual nos inspira a avançar sem medo e a começar a exploração do mundo fenomenal.

VINTE E DOIS

O ESTADO INTERMEDIÁRIO

O segredo do Zen são somente estas palavras: nem sempre assim.
– SHUNRYU SUZUKI ROSHI

É preciso algum treinamento para considerar o completo desprendimento igual a conforto. Pois, na realidade, "nada a que se agarrar" é a raiz da felicidade. Há uma sensação de liberdade em aceitarmos que não temos o controle de nada. Dirigirmo-nos na direção daquilo que mais gostaríamos de evitar torna vulneráveis nossas barreiras e nossos escudos.

Isso pode levar a um sentimento do tipo não-sei-o-que-fazer, uma sensação de ter sido surpreendido em uma posição intermediária. Por um lado, estamos completamente fartos de procurar conforto nos atos de comer, beber, fumar ou transar. Também estamos fartos de crenças, ideias e "ismos" de toda espécie. Mas, por outro lado, gostaríamos que fosse verdade que o conforto vindo do exterior pudesse trazer felicidade duradoura.

Esse estado intermediário é onde o guerreiro passa grande parte do seu tempo em crescimento. Nós daríamos qualquer coisa para sentir o conforto que costumávamos ter ao comer uma pizza ou assistir a um vídeo. No entanto, apesar de essas coisas serem prazerosas, já sabemos que comer uma pizza ou assistir a um vídeo é uma débil compensação para o nosso sofrimento. Percebemos isso, principalmente, quando as coisas estão se desfazendo. Se tivermos acabado de saber que temos câncer, comer uma pizza não pode fazer muito para nos alegrar. Se alguém que amamos acaba de morrer, ou de nos deixar, os lugares a que vamos à procura de conforto nos parecem insubstanciais e efêmeros.

Falam-nos da dor da procura de prazer e da futilidade de fugir da dor. Ouvimos falar, também, sobre a alegria de despertar, de reconhecer nossa interconexão, de confiar na abertura de nosso coração e de nossa mente. Mas não nos contam muito sobre estar nesse estado intermediário, não mais capazes de obter do exterior aquele antigo conforto e ainda não desfrutando a sensação continuada de equanimidade e calor.

Ansiedade, coração partido e ternura marcam o estado intermediário. É o tipo de lugar que, normalmente, queremos evitar. O desafio é permanecer no meio em vez de apelar para a luta e para a lamentação. O desafio é permitir que nos suavizemos em vez de nos tornarmos mais rígidos e amedrontados. Ficarmos íntimos da sensação enjoada de estar no meio do nada somente torna o coração mais sensível. Quando somos corajosos o suficiente para permanecermos no meio, a compaixão emerge espontaneamente. Por não saber, não esperar saber e por não agir como se soubéssemos o que está ocorrendo, começamos a ter acesso à nossa força interior.

No entanto, parece razoável querer algum tipo de alívio. Se pudermos classificar essa situação como certa ou errada, se pudermos fixá-la de alguma forma, então estaremos em terreno conhecido. Mas algo abalou nossos padrões habituais e, frequentemente, eles não mais funcionam. Aos poucos, permanecer com a energia volátil se torna mais confortável do que reagir a ela ou reprimi-la. Esse espaço aberto e sensível é chamado de boditchita. Permanecer nele é o que cura. Ele nos permite soltar nossa autoimportância. É assim que o guerreiro aprende a amar.

É exatamente assim que estamos treinando todas as vezes que nos sentamos em meditação. Vemos o que emerge, o reconhecemos com ternura e deixamos que se vá. Pensamentos e emoções surgem e desaparecem. Alguns são mais convincentes que outros. Normalmente, estamos tão desconfortáveis com aquele sentimento de agitação que faríamos qualquer coisa para vê-lo desaparecer. No entanto, retornando à respiração, nós afetuosamente nos encorajamos a permanecer em nossa energia agitada. Esse é o treinamento básico de *maitri* que necessitamos para, simplesmente, continuar avançando, continuar abrindo nosso coração.

Para habitar o estado intermediário é necessário aprender a aceitar o paradoxo de que algo possa ser, ao mesmo tempo, certo e errado, de que alguém possa ser forte e amoroso e, também, irado, tenso e mesquinho. Naquele momento doloroso, em que não estamos à altura de nossos padrões, nos condenamos ou compreendemos, verdadeiramente, o paradoxo de sermos humanos? Podemos nos perdoar e permanecer em contato com nosso coração bom e sensível? Quando alguém nos toca em um ponto sensível, partimos para contestar essa pessoa? Ou reprimimos nossa reação, dizendo: "Eu devo ser amoroso. Como pude ter este pensamento negativo?" Nossa prática é ficar com a inquietação e não nos fixarmos em uma visão. Podemos meditar, fazer *tonglen* ou, simplesmente, olhar para o céu aberto – qualquer coisa que nos encoraje a permanecer no limiar e a não nos consolidarmos em uma visão.

Quando nos encontramos em um lugar de desconforto e medo, quando estamos em uma disputa, quando o médico nos diz que precisamos de mais exames para saber o que há de errado, vamos descobrir que queremos culpar algo ou alguém, tomar partido, manter a nossa posição. Sentimos que precisamos tomar uma decisão. Queremos manter nossa visão habitual. Para um guerreiro, "certo" é uma visão tão extrema quanto "errado". Ambas bloqueiam nossa sabedoria inata. Quando estamos em uma encruzilhada, sem saber para que lado ir, repousamos na *prajnaparamita*. A encruzilhada é um lugar importante no treinamento de um guerreiro. É onde nossas visões sólidas começam a se dissolver.

Aceitar o paradoxo não é algo que qualquer um conseguirá de imediato. Por isso é que somos encorajados a passar toda a nossa vida treinando para a incerteza, a ambiguidade e a insegurança. Permanecer no meio nos prepara para encontrar o desconhecido sem temor, nos prepara para encarar tanto nossa vida quanto nossa morte. O estado intermediário – onde a cada momento o guerreiro está aprendendo a soltar – é o campo de treinamento perfeito. Na realidade, não importa se nos sentimos deprimidos ou inspirados a esse respeito. Não há absolutamente nenhuma maneira de se fazer isso direito. É por isso que a compaixão e *maitri*, juntamente com a coragem, são vitais. Elas nos conferem os recursos para sermos autênticos sobre onde estamos, mas, ao mesmo tempo, para sabermos que estamos sempre em transição, que o único momento é o agora e que o futuro é completamente imprevisível e aberto.

Enquanto continuamos a treinar, evoluímos para além do pequeno *eu* que continuamente procura zonas de conforto. Aos poucos, descobrimos que somos grandes o suficiente para acolher algo que não é nem mentira nem verdade, nem puro nem impuro, nem bom nem mau. Mas, antes, temos que apreciar a riqueza do estado de ausência de chão e continuar ali.

É importante ouvir sobre esse estado intermediário. Do contrário, pensaríamos que a viagem do guerreiro é de um jeito ou de outro – ou estamos completamente presos ou estamos livres. O fato é que passamos muito tempo no meio. Esse ponto suculento é um lugar frutífero para se estar. Descansar aqui completamente – experimentando de modo constante a clareza do momento presente – é chamado de iluminação.

Aspiração de encerramento

Ao longo da minha vida, até este preciso momento, quaisquer atos virtuosos que eu tenha praticado, inclusive qualquer benefício que possa advir deste livro, eu dedico ao bem-estar de todos os seres. Que diminuam as raízes do sofrimento. Que diminuam também a guerra, a violência, a negligência, a indiferença e os vícios. Que aumentem a sabedoria e a compaixão de todos os seres, agora e no futuro. Que vejamos claramente serem insubstanciais, como nossos sonhos, todas as barreiras que erigimos entre nós e os outros. Que apreciemos a grande perfeição de todos os fenômenos. Que continuemos a abrir o coração e a mente, a fim de trabalharmos incessantemente em benefício de todos os seres. Que possamos ir aos lugares que nos assustam. Que levemos a vida de um guerreiro.

Apêndice: Práticas

As máximas do treinamento da mente de Atisha

Primeiro ponto
As preliminares: base da prática do dharma
1. Primeiro, treine as preliminares.

Segundo ponto
Prática principal: treinamento da boditchita

Máximas da boditchita absoluta
2. Considere todos os fenômenos como sonhos.
3. Examine a natureza da consciência não nascida.
4. Permita que até mesmo o antídoto se autolibere.
5. Repouse na natureza de *alaya*, a essência.
6. Na pós-meditação, seja filho da ilusão.

Máximas da boditchita relativa
7. Dar e tomar devem ser praticados alternadamente com o apoio da respiração.
8. Três objetos, três venenos e três sementes de virtude.
9. Em todas as atividades, treine com as máximas.
10. Inicie a sequência de dar e tomar com você mesmo.

Terceiro ponto
Transformação das adversidades no caminho da iluminação
11. Quando o mundo está cheio de maldade, transforme todas as adversidades no caminho de *bodhi*.
12. Atribua todas as culpas a um só.
13. Seja grato a todos.
14. Ver a confusão como os quatro *kayas* é a proteção insuperável de *shunyata*.
15. As quatro práticas são o melhor dos métodos.
16. Incorpore à meditação tudo o que você encontrar inesperadamente.

Quarto ponto
Utilização da prática pela vida inteira
17. Pratique as cinco forças, as instruções essenciais para o coração.
18. A instrução mahayana para transferir a consciência na hora da morte são as cinco forças – logo, sua conduta é crucial.

Quinto ponto
Avaliação do treinamento da mente
19. Todo o dharma converge para um único ponto.
20. Dentre as duas testemunhas, fique com a principal.
21. Conserve sempre uma mente alegre.
22. Se puder praticar mesmo quando estiver distraído, você estará bem treinado.

Sexto ponto
Disciplinas do treinamento da mente
23. Atenha-se sempre aos três princípios básicos.
24. Mude sua atitude, mas permaneça natural.
25. Não fale sobre membros feridos.

26. Não pense nas falhas dos outros.
27. Trabalhe primeiro os maiores obstáculos.
28. Abandone qualquer expectativa de resultado.
29. Renuncie aos alimentos venenosos.
30. Não seja tão previsível.
31. Não fale mal dos outros.
32. Não se ponha de emboscada.
33. Não leve as coisas a um ponto doloroso.
34. Não transfira a carga do boi para a vaca.
35. Não tente ser o mais rápido.
36. Não aja ardilosamente.
37. Não transforme deuses em demônios.
38. Não procure fazer da dor alheia as pernas de sua própria felicidade.

Sétimo ponto
Diretrizes para o treinamento da mente
39. Todas as atividades devem ser realizadas com uma intenção.
40. Corrija todos os erros com uma intenção.
41. Duas atividades, uma no início, outra no fim.
42. Qualquer das duas que ocorra, seja paciente.
43. Observe essas duas, mesmo pondo sua vida em risco.
44. Treine-se nas três dificuldades.
45. Assuma as três causas principais.
46. Cuide para que as três nunca desvaneçam.
47. Mantenha as três inseparáveis.
48. Treine imparcialmente em todas as áreas. É crucial fazer isso sempre, de modo abrangente e sem reservas.
49. Sempre medite sobre tudo que provoca ressentimento.
50. Não dependa das circunstâncias externas.
51. Dessa vez, pratique os pontos principais.

52. Não interprete incorretamente.
53. Não vacile.
54. Pratique com determinação.
55. Libere-se por meio do exame e da análise.
56. Não chafurde na autocomiseração.
57. Não seja invejoso.
58. Não seja frívolo.
59. Não espere aplauso.

Prece das quatro qualidades incomensuráveis

*Que todos os seres sencientes desfrutem da felicidade
e da raiz da felicidade.
Que sejamos livres do sofrimento e da raiz do sofrimento.
Que não sejamos separados da grande felicidade sem sofrimento.
Que vivamos na grande equanimidade, livres da paixão,
da agressão e do preconceito.*

Cada verso dessa prece refere-se a uma das quatro qualidades incomensuráveis: a primeira, a bondade amorosa; a segunda, a compaixão; a terceira, a alegria; e a quarta, a equanimidade. Às vezes eu prefiro trocar a palavra "eles" por "nós". Essa troca enfatiza que nós mesmos aspiramos a experimentar o benefício dessas quatro qualidades, junto aos outros seres.

Prática da bondade amorosa

A prática da bondade amorosa usa, tradicionalmente, o primeiro verso das quatro qualidades incomensuráveis: "Que todos os seres sencientes desfrutem da felicidade e da raiz da felicidade."

1. Desperte a bondade amorosa por você mesmo. "Que eu desfrute da felicidade e da raiz da felicidade", ou expresse essa aspiração com suas próprias palavras.
2. Desperte a bondade amorosa por alguém por quem você já sente uma sincera boa vontade e ternura. "Que (nome) desfrute da felicidade e da raiz da felicidade", ou diga-o com suas próprias palavras.
3. Desperte a bondade amorosa por uma pessoa amiga, dizendo novamente o nome dessa pessoa e expressando a aspiração por sua felicidade, mediante o uso das mesmas palavras.
4. Desperte a bondade amorosa por alguém a respeito de quem você se sinta neutro ou indiferente (use as mesmas palavras).
5. Desperte a bondade amorosa por alguém que você julgue difícil ou ofensivo (use as mesmas palavras).
6. Nos cinco estágios acima, deixe que a bondade amorosa cresça tanto que inclua todos os seres sensíveis (esse estágio é chamado "dissolvendo as barreiras"). Diga: "Que eu, juntamente

com a pessoa a quem quero bem, meu amigo, a pessoa neutra, a pessoa difícil, todos desfrutemos da felicidade e da raiz da felicidade."
7. Estenda a bondade amorosa a todos os seres por todo o Universo. Você pode começar próximo à sua casa e ampliar o círculo cada vez mais. "Que todos os seres desfrutem da felicidade e da raiz da felicidade."

Prática da compaixão

A prática da compaixão começa com o segundo verso da prece, "Que sejamos livres do sofrimento e da raiz do sofrimento", e, então, continua em um processo de cinco estágios, semelhante ao da prática da bondade amorosa.

1. Desperte a compaixão por si mesmo: "Que eu me libere do sofrimento e da raiz do sofrimento", ou use suas próprias palavras.
2. Desperte a compaixão por uma pessoa (ou animal) por quem você já sente compaixão: "Que (nome) se libere do sofrimento e da raiz do sofrimento", ou diga-o com suas próprias palavras.
3. Desperte a compaixão por um amigo (use as mesmas palavras).
4. Desperte a compaixão por alguém a respeito de quem você se sinta neutro (use as mesmas palavras).
5. Desperte a compaixão por alguém que você julgue difícil (use as mesmas palavras).
6. Desperte a compaixão por todas as cinco categorias de seres acima (use as mesmas palavras).
7. Desperte a compaixão por todos os seres do Universo: "Que todos os seres se liberem do sofrimento e da raiz do sofrimento."

Você pode, também, despertar a sua habilidade para regozijar-se e a sua capacidade para a equanimidade passando pelos sete estágios, como anteriormente. Você pode empregar suas próprias palavras ou pode usar o terceiro verso das quatro qualidades incomensuráveis para alegrar-se ("*Que não sejamos separados da grande felicidade sem sofrimento*"). Você pode usar o quarto verso para a equanimidade ("*Que vivamos na grande equanimidade, livres da paixão, da agressão e do preconceito*").

A aspiração em três estágios

Que eu desfrute da felicidade e da raiz da felicidade.
Que você desfrute da felicidade e da raiz da felicidade.
Que todos os seres desfrutem da felicidade e da raiz da felicidade.

Você pode empregar o processo de aspiração em três estágios para despertar a compaixão, a habilidade de alegrar-se e a equanimidade. Como sempre, está bem se você usar suas próprias palavras.

Agradecimentos

Existem cinco pessoas às quais quero agradecer especialmente por ajudarem a dar vida a este livro: meu irmão monástico, Tingdzin Otto, cujo trabalho foi de incalculável valor durante minhas palestras; Tamar Ellentuck, excelente e leal secretária, em tempos muito difíceis; Gigi Sims, pelas extraordinárias transcrições; minha boa amiga Helen Tworkov, que me proporcionou o lugar perfeito para escrever; e, principalmente, minha editora e amiga de tanto tempo, Emily Hilburn Sell, que dedicou todo o seu coração a este livro, entregando-se com o destemor do guerreiro.

Gostaria também de agradecer às diversas pessoas que transcreveram minhas palestras durante os últimos cinco anos: Migme Chödrön, Lynne Van de Bunte, Eugene e Helen Tashima, Susan Stowens, Alexis Shaw, Bill e Eileen Fell, Rohana Greenwood e Barbara Blouin.

Quero agradecer a Soledad González, por sua bondade amorosa.

Dedico profundo apreço a Joko Beck e Ezra Bayda, cujo trabalho tanto me influenciou. Quero ressaltar especialmente a influência de Ezra no capítulo sobre meditação.

Finalmente, expresso minha gratidão aos meus mestres vivos, Dzigar Kongtrul Rinpoche e Sakyong Mipham Rinpoche. Eles são generosos o suficiente para, continuamente, mostrar-me a natureza de minha mente e revelar minhas falhas ocultas.

BIBLIOGRAFIA

ENSINAMENTOS GERAIS SOBRE A BODITCHITA

PATRUL RINPOCHE. *As palavras do meu professor perfeito*. Três Coroas: Editora Makara, 2008.

SHANTIDEVA. *O caminho do bodisatva: Bodhicharyāvatāra*. Três Coroas: Editora Makara, 2013.

_____. *Guia do estilo de vida do bodisatva*. São Paulo: Tharpa, 2015.

SOGYAL RINPOCHE. *O livro tibetano do viver e do morrer*. São Paulo: Talento e Palas Athena, 1999.

TRUNGPA, CHÖGYAM. *Além do materialismo espiritual*. São Paulo: Cultrix, 2001, pp. 159-192.

_____. *O mito da liberdade*. São Paulo: Cultrix, 1988, pp. 111-129.

AS QUATRO QUALIDADES INCOMENSURÁVEIS

KAMALASHILA. *Meditation: The Buddhist Way of Tranquility and Insight*. Glasgow: Windhorse, 1992, pp. 23-32, 192-206.

LONGCHENPA. *Kindly Bent to Ease Us*. Traduzido por H. V. Guenther. Berkeley: Dharma Publications, 1975-76, pp. 106-22.

PATRUL RINPOCHE. *As palavras do meu professor perfeito*. Três Coroas: Editora Makara, 2008.

SALZBERG, SHARON. *Lovingkindness: The Revolutionary Art of Happiness*. Boston e Londres: Shambhala Publications, 1995.

THICH NHAT HANH. *Ensinamentos sobre o amor*. Rio de Janeiro: Editora Sextante, 2012.

SHAMBHALA BRASIL, Comissão de Tradução. As quatro qualidades incomensuráveis – cântico. Edição interna pelo Grupo de Meditação Shambhala de São Paulo, 1998.

AS MÁXIMAS PARA *LOJONG*

CHÖDRÖN, PEMA. *Comece onde você está*. Rio de Janeiro: Sextante, 2020.

KHYENTSE, DILGO. *Enlightened Courage*. Ithaca, NY: Snow Lion Publications, 1993.

KONGTRUL, JAMGON. *The Great Path of Awakening: A Commentary on the Mahayana Teaching of the Seven Points of Mind Training*. Boston e Londres: Shambhala Publications, 1987.

TRUNGPA, CHÖGYAM. *Training the Mind and Cultivating*

Lovingkindness. Editado por Judith L. Lief. Boston e Londres: Shambhala Publications, 1993.

WALLACE, ALAN B. *A Passage from Solitude: Training the Mind in a Life Embracing the World*. Editado por Zara Houshmand. Ithaca, NY: Snow Lion Publications, 1992.

SHAMBHALA BRASIL, Comissão de Tradução. *Os sete pontos de treinamento da mente – Como utilizar os cartões das máximas*. Edição interna pelo Grupo de Meditação Shambhala de São Paulo, 1998.

A PRÁTICA DE *TONGLEN*

CHÖDRÖN, PEMA. *Tonglen: The Path of Transformation*. Editado por Tingdzin Ötro. Halifax, NS: Vajradhatu Publications, 2001.

SOGYAL RINPOCHE. *O livro tibetano do viver e do morrer*. São Paulo: Talento e Palas Athena, 1999, pp. 259-267.

LEITURAS ADICIONAIS

MASTERS, JARVIS JAY. *Finding Freedom: Writings from Death Row*. Junction City, CA: Padma Publishing, 1997.

SUZUKI, SHUNRYU. *Mente zen, mente de principiante*. São Paulo: Palas Athena, 1996.

TRUNGPA, CHÖGYAM. *Shambhala: A trilha sagrada do guerreiro*. São Paulo: Cultrix, 2001.

Fontes adicionais

Para informações sobre instrução em meditação ou para encontrar um centro de prática próximo a você, por favor entre em contato com:

Shambhala Brasil
Rua José Antonio Coelho, 460
Vila Mariana, São Paulo
CEP: 04011-061
Site: shambhala-brasil.org
E-mail: info@shambhala-brasil.org

Heart Advice: frases semanais de Pema Chödrön
Acesse shambhala.com/pemaheartadvice para se inscrever no Heart Advice e receber palavras de sabedoria de Pema Chödrön uma vez por semana no seu e-mail.

Créditos

Epígrafe de "Aprimorando o treinamento na alegria", por Patrul Rinpoche, na página 87. De Timely Rain, por Chögyam Trungpa. © 1972, 1983, 1998 por Diana J. Mukpo. Reeditado por acordo com Shambhala Publications, Inc., Boston, Massachusetts 02115. Utilizado com permissão.

A prece "As quatro qualidades incomensuráveis", apresentada no Apêndice (página 158), foi traduzida para o português por Shambhala Brasil, Comissão Nalanda de Tradução em 1998; o texto inglês "The Four Limitless Ones" foi traduzido pelo Nalanda Translation Committee.

O texto em inglês "The Root Text of the Seven Points of Training the Mind" © 1981, 1986 por Chögyam Trungpa foi revisado: © 1993 por Diana Mukpo e Nalanda Translation Committee. Sua tradução para o português, "Os sete pontos de treinamento da mente – o uso dos cartões de máximas", foi feita por Shambhala Brasil, Comissão Nalanda de Tradução. As máximas de Atisha foram utilizadas com permissão.

Os rendimentos do autor, por este livro, serão doados à Gampo Abbey, Pleasant Bay, Nova Escócia, Canadá BOE 2PO.

LEIA UM TRECHO DE OUTRO
LIVRO DA AUTORA

Comece onde você está

Já temos tudo de que precisamos. Não há necessidade de autoaprimoramento. O opressivo medo de ser mau e o desejo de ser bom, a identidade a que tão amorosamente nos apegamos, a raiva, a inveja e os vícios de todo tipo nunca atingem nossa riqueza fundamental. São como nuvens que temporariamente encobrem o sol. Mas, o tempo todo, nosso calor e brilho estão bem aqui. Isso é o que realmente somos. Estamos a um piscar de olhos do completo despertar.

Não costumamos olhar para nós mesmos dessa forma. Por esse ponto de vista, não precisamos mudar: podemos ser tão deploráveis quanto quisermos e, ainda assim, somos bons candidatos à iluminação. Podemos nos sentir um caso irremediavelmente perdido, mas esse sentimento é nossa riqueza e não algo que deva ser jogado fora ou que precise ser melhorado. Há beleza em todas as coisas de que não gostamos nem um pouco e que preferiríamos manter a distância. O que nos dá prazer – aquilo que amamos profundamente em nós mesmos e que nos faz sentir algum tipo de orgulho ou inspiração – também é nossa riqueza.

Com as práticas apresentadas neste livro, você pode começar exatamente no ponto em que está. Se está com raiva, carente ou em depressão, as práticas aqui descritas foram feitas sob medida para você. Elas servirão de estímulo para que use o que é indesejável em sua vida para despertar compaixão por si mesmo e pelos demais. Essas práticas nos ensinam a aceitar quem somos, a ter um relacionamento direto com o sofrimento e a parar de fugir dos aspectos dolorosos da nossa existência. Elas nos mostram como lidar de coração aberto com a vida, do jeito que ela é.

Quando ouvimos falar em compaixão, naturalmente pensamos em trabalhar com os demais, cuidar deles. Frequentemente, não damos apoio aos outros – seja um filho, a mãe, ou alguém que nos insulta ou amedronta – porque não damos apoio a nós mesmos. Algumas de nossas características são tão indesejáveis que tentamos escapar sempre que elas começam a aparecer.

Fugir nos faz perder continuamente a oportunidade de estar aqui, de estar bem aqui, neste ponto. Deixamos passar o momento presente. Entretanto, se formos capazes de experimentá-lo, descobriremos que ele é único, precioso e completamente novo. Ele nunca se repete. Podemos apreciar e celebrar cada momento – não há nada mais sagrado. Não há nada mais vasto ou absoluto. Na verdade, não há mais nada!

Somente à medida que conhecermos nossa dor pessoal e nos relacionarmos com ela seremos corajosos e valentes o bastante para estar dispostos a sentir a dor dos outros. Só então seremos capazes de encarar o sofrimento dos demais porque teremos descoberto que a dor deles não é diferente da nossa.

Entretanto, para isso, precisamos de toda a ajuda que pudermos conseguir. Minha esperança é que este livro possa fornecê-la. As ferramentas que você receberá são três práticas que servem de grande apoio:

1. Meditação sentada básica (denominada meditação *shamatha-vipashyana*)
2. Prática de dar e tomar (chamada de *tonglen*)
3. Prática de trabalhar com as máximas (denominada os sete pontos de treinamento da mente ou *lojong*)

Todas essas práticas despertam nossa confiança de que a sabedoria e a compaixão de que necessitamos já estão dentro de nós. Elas nos levam a conhecer melhor nossas partes rudes e suaves, nossa paixão, agressividade, ignorância e sabedoria. As pessoas ferem umas às outras, o planeta está poluído, as coisas não vão muito bem para os seres humanos e os animais porque não nos conhecemos, não confiamos uns nos outros nem nos amamos suficientemente. A técnica da meditação sentada, denominada *shamatha-vipashyana* ("tranquilidade-percepção intuitiva"), é como uma chave de ouro que nos auxilia a alcançar o autoconhecimento.

Meditação Shamatha-Vipashyana

Na meditação *shamatha-vipashyana*, sentamos com a coluna reta, as pernas cruzadas e os olhos abertos, as mãos repousando sobre as coxas. Então, simplesmente tomamos consciência de nossa respiração no momento em que expiramos. Estar bem ali, acompanhando a expiração, exige precisão. Por outro lado, esse é um processo bastante descontraído e suave. Dizer "estar bem ali, acompanhando a expiração" é o mesmo que dizer "estar plenamente presente". É estar exatamente ali, haja o que houver. Enquanto ficamos atentos à expiração, podemos perceber também o que acontece ao nosso redor – os sons que vêm da rua, a luz refletida nas paredes. É possível que esses outros fatores capturem um pouco de nossa atenção, mas não precisamos ser arrastados por eles. Continuamos sentados, conscientes da expiração.

Acompanhar a expiração, porém, é apenas uma parte da técnica. Os pensamentos que continuamente percorrem nossa mente constituem a outra parte. Ficamos sentados, tendo uma conversa interior. Quando percebemos nossos pensamentos, a instrução nos diz que devemos rotulá-los: "pensando". Se nossa mente começa a divagar, devemos dizer internamente: "pensando". Não importa se esses pensamentos são violentos, apaixonados ou cheios de ignorância e rejeição; se contêm preocupação ou medo; se são espiritualizados, agradáveis ou nos dizem quanto estamos indo bem; se são encorajadores ou enaltecedores. Sem julgamentos e sem severidade, simplesmente devemos rotular todos eles como "pensando". E devemos fazer isso com gentileza e honestidade.

O contato com a respiração é leve: apenas cerca de 25% da consciência permanece nela. Não nos agarramos nem nos fixamos. Estamos abertos, permitindo que a respiração se misture ao espaço, deixando que ela simplesmente flua para fora. Então, ocorre algo como uma pausa, uma lacuna, até a próxima expiração. Enquanto inspiramos, pode haver certa sensação de apenas estar aberto e à espera. É como tocar a campainha e aguardar que alguém venha abrir a porta. Então tocamos mais uma vez e esperamos. Provavelmente, nossa mente vai divagar e perceberemos que estamos pensando de novo – nesse momento, usamos a técnica de rotular.

É importante manter-se fiel à técnica, mas, se você sentir que está usando o rótulo de forma severa e negativa, como se estivesse dizendo "Droga!", se estiver sendo duro consigo mesmo, diga outra vez, de forma mais leve. Não se trata de tentar abater os pensamentos a tiros, como se eles fossem um alvo no ar. Em vez disso, seja gentil. Use a parte da técnica que se refere a rotular como uma oportunidade para desenvolver suavidade e compaixão por si mesmo. Na arena da meditação, tudo que surge é aceito. O sentido está em poder olhar honestamente sua experiência e fazer amizade com ela.

Embora seja constrangedor e doloroso, parar de se esconder de si mesmo tem um grande poder de cura. Nós nos curamos quando entramos em contato com todas as nossas formas de escapulir, nossos esconderijos, nossa repressão, negação, fechamento e crítica aos outros. Todas as nossas pequenas esquisitices. Podemos olhar para esses aspectos com um certo senso de humor e bondade. Quando nos conhecemos, passamos a conhecer a totalidade da condição humana. Todos nós temos as mesmas dificuldades – estamos todos no mesmo barco. Portanto, quando perceber que está falando internamente, rotule "pensando" e observe qual é o tom de sua voz. Deixe que ele seja compassivo, gentil e bem-humorado. Com isso, você estará mudando velhos padrões arraigados, compartilhados por todos os seres humanos. A compaixão pelos outros começa com bondade consigo mesmo.

Conheça outro livro da autora

Palavras essenciais

"Esta coletânea reúne alguns dos ensinamentos mais memoráveis e poderosos de Pema Chödrön, que tem o impressionante dom de expressar os conceitos budistas em termos simples, que ressoam na vida e na experiência de todos nós.

Sua escrita vai além de fronteiras religiosas, alcançando leitores de muitas fés e origens.

Sua imensa popularidade parece ligada ao fato de ela não se apresentar como um ser iluminado, mas como uma pessoa comum que fala abertamente sobre suas lutas e limitações.

Como qualquer um de nós, ela também sente raiva, ciúme, tristeza – e justamente por isso é capaz de nos oferecer orientações tão significativas."

Eden Steinberg

CONHEÇA OS LIVROS DE PEMA CHÖDRÖN

Palavras essenciais

Comece onde você está

Os lugares que nos assustam

Para saber mais sobre os títulos e autores da Editora Sextante,
visite o nosso site e siga as nossas redes sociais.
Além de informações sobre os próximos lançamentos,
você terá acesso a conteúdos exclusivos
e poderá participar de promoções e sorteios.

sextante.com.br